Amigurumi Fantasy 2

EENHOORNS, DRAKEN EN VEEL MEER!

Eerste druk: juni 2020

Van Halewyck maakt deel uit van Pelckmans uitgevers nv (www.pelckmansuitgevers.be, Brasschaatsteenweg 308, 2920 Kalmthout, België)

Ging je aan de slag met dit boek? Laat ons het resultaat zien!
www.amigurumipatterns.net/3200
Op Instagram met #fantasyamigurumi2

ISBN 978 94 6383 171 0
D/2020/7104/87
NUR 474

Opmaak: Joke Vermeiren
Fotografie: Sophie Peirsman, www.sophiepeirsman.be

Voor Nederland: Forte Creatief, een imprint van Forte Uitgevers BV, Postbus 684, 3740 AP Baarn, Nederland.
Voor meer informatie over de boeken van Forte Creatief: www.fortecreatief.nl

Oorspronkelijke Engelstalige uitgave:
Uitgeverij Meteoor – Antwerpen – België
www.meteoorbooks.com www.amigurumipatterns.net

vanhalewyck.be

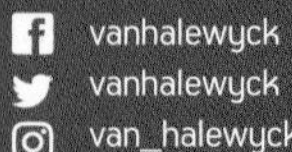
vanhalewyck
vanhalewyck
van_halewyck

Amigurumi Fantasy 2

EENHOORNS, DRAKEN EN VEEL MEER!

Van Halewyck FORTE CREATIEF

INHOUD

Lieve haakfan!

Gooi je favoriete garens samen en roer ze goed om met je favoriete haaknaald: met de haakspreuken in deze gloednieuwe verzameling tover je in een handomdraai de meest fantastische amigurumi tevoorschijn!

Het fenomenale succes van het eerste boek inspireerde onze designers om hun garenkisten nog eens open te klikken. Met hun persoonlijke "amigurumius crochetus"-spreuk sprongen zo maar eens 14 magische wezentjes van hun haaknaald! De deur naar deze magische wereld staat nu wijd open, en voor je het weet, word je helemaal meegesleept!

Vlieg een eindje mee met Hamish de Hippogrief en wuif naar het Konijn op de Maan. Brouw een biologische liefdesdrank met Madremonte, maar let wel een beetje op dat Poppy de Pixie geen geintjes uithaalt, zeker als ze zo jouw snacks te pakken kan krijgen. En oh, wees stilletjes in de buurt van Devin en Devon de Draken, ze zijn zo ongelofelijk lief als ze slapen (maar ook als ze wakker zijn, hoor).

Zowel beginners als geoefende hakers kunnen de meest fabelachtige figuurtjes tevoorschijn toveren met een paar bewegingen van hun haaknaald. Alle patronen zijn voorzien van heldere instructies en toelichting bij alle steken, waardoor het maar een kleine stap is om je eigen fantasiewereld tot leven te brengen.

Heb je een fantasy-amigurumi gemaakt en wil je jouw werk en passie voor amigurumi delen met je medehaakfans? Aarzel niet om je foto's te posten op *www.amigurumipatterns.net/3200* of te delen op Instagram met de hashtag #fantasyamigurumi2.

Veel plezier bij het haken!

WAT HEB JE NODIG?

KLEURRIJK GAREN

Bij elk patroon in dit boek lijsten we de materialen op die gebruikt werden. Omdat de amigurumi gemaakt werden door ontwerpers van over de hele wereld, is het mogelijk dat het garen dat zij gebruikten niet beschikbaar is in België of Nederland. We vermelden daarom enkel de kleur en het nummer van het garen dat de ontwerpers kozen, zodat je gemakkelijk een alternatief kan vinden in je handwerkwinkel. Op elk bolletje haakgaren vind je immers de vermelding van dit nummer terug. Wil je een grotere of kleinere amigurumi maken, dan volstaat het om dikker of dunner garen te kiezen en dat te combineren met de juiste haaknaald. De meeste ontwerpers maken gebruik van katoen, maar je kan ook acryl of wol gebruiken als je dat fijner vindt. De hoeveelheid garen die je nodig hebt, is afhankelijk van hoe los of strak je haakt. Je kan restjes van andere projecten gebruiken of beginnen met een nieuwe bol garen. Met twee bolletjes van een kleur kom je meestal toe.

HAAKNAALDEN

Haaknaalden bestaan in verschillende soorten en maten. Grotere haaknaalden maken grotere steken dan kleinere. Het is belangrijk om haaknaald en garen juist te combineren. Het haakwerk moet heel strak zijn, zonder gaatjes waardoor de vulling kan ontsnappen. Daarom gebruik je beter een iets kleinere haaknaald dan vermeld staat op het label van je garen. Haaknaalden zijn meestal gemaakt van aluminium of staal. Metalen haaknaalden glijden gemakkelijker door de steken. Kies bij voorkeur een haaknaald met een rubberen of ergonomisch handvat.

STITCH MARKER OF MARKEERRING

Naast een haaknaald en gekleurd katoen is een markeerring nagenoeg onmisbaar bij het maken van amigurumi. Een markeerring is een klein klemmetje in metaal of plastic. Doordat je in spiralen haakt, raak je snel je beginpunt kwijt. Een markeerring is een eenvoudig hulpmiddel dat je onmiddellijk de zekerheid geeft dat je goed bezig bent. Met je markeerring duid je steeds de laatste steek van de voorgaande ronde aan.

VULLING

Om de amigurumi te vullen, gebruiken we synthetische fiberfill. Je vindt dit goedkope, uitwasbare en niet-allergene product in elke handwerkwinkel. Zorg ervoor dat je je knuffeltje niet te veel opvult. Daardoor gaat je garen uitrekken en wordt de vulling zichtbaar door de gaatjes heen.

OOGJES

Voor de meeste amigurumi worden veiligheidsoogjes gebruikt. Die kan je in de meeste handwerkwinkels vinden en ook online heb je een uitgebreide keuze. Ze bestaan in alle soorten en maten. Let wel op wanneer je veiligheidsoogjes bevestigt: zodra je de achterkant vastklikt, kan je ze niet meer verwijderen. Test daarom eerst of de oogjes op de juiste plaats staan. De gezichtsuitdrukking van een amigurumi kan ook geborduurd worden. Dat wordt aanbevolen wanneer je knuffeltjes maakt voor kinderen jonger dan drie jaar. Voor borduurwerk gebruik je een stopnaald met een afgeronde punt.

WAT MOET JE WETEN VOOR JE ERAAN BEGINT?

MOEILIJKHEIDSGRAAD

gemakkelijk (✶)
medium (✶ ✶)
ervaren (✶ ✶ ✶)
een uitdaging (✶ ✶ ✶ ✶)

Bij elk patroon in dit boek staat een moeilijkheidsgraad aangegeven. Je begint het best met een eenvoudig patroon. Wanneer je een gemakkelijk patroon zonder struikelen afgewerkt hebt, ben je klaar om patronen met meerdere sterren te haken.

VEILIGHEID

Wanneer je knuffeltjes maakt voor kinderen jonger dan drie jaar, laat je kleine accessoires beter weg.

OPBOUW VAN EEN PATROON EN AFKORTINGEN

Amigurumi worden gehaakt in rondes. Aan het begin van elke regel van het patroon vind je 'R + een cijfer' om aan te duiden in welke ronde je je bevindt. Lees je 'R 3 t/m 5', dan betekent dit dat je in ronde 3, 4 én 5 de daaropvolgende steken haakt.

Hoewel we meestal in rondes haken, gebeurt het af en toe dat we naar rijen overschakelen. Wanneer we wisselen naar rijen, vind je vooraan de regel 'Rij + een cijfer'. Aan het einde van een rij keer je je haakwerk om de volgende rij te beginnen.

Aan het einde van elke regel staat tussen vierkante haakjes het aantal steken dat je in die ronde gehaakt moet hebben. Bijvoorbeeld: [6]. Wanneer je twijfelt, tel je het best je steken even na. Een markeerring helpt je bij het tellen.

In dit boek worden afkortingen gebruikt. De betekenis van elke afkorting vind je op de pagina's met de basissteken. In het begin leest dat misschien een beetje ongemakkelijk, maar het went snel.

De vaste is de basissteek in alle patroontjes. Wanneer je de instructie 'haak 2 v in elke 3e v' aantreft, betekent dit dat je in elke steek een vaste haakt, behalve in steek 3, 6, 9 (enzovoort), waar je telkens twee vasten haakt. Wanneer je 'haak 2 v in v 2, 9, 12' leest, betekent dit dat je in de vermelde steken (in dit geval de 2e, 9e en 12e steek) twee vasten haakt en in de overige steken één vaste. Lees je 'haak elke 3e en 4e v samen', dan betekent dit dat je in alle steken een vaste haakt, behalve in elke derde steek. Daar begin je telkens met een mindering.

AMIGURUMIGALERIJ

Bij elk patroon vind je een weblink en een QR-code. Die wijzen je naar de online galerij van de knuffel in kwestie. Laat je afgewerkte amigurumi zien, doe inspiratie op in de garen- en kleurkeuzes van andere hakers en deel in het haakplezier! Volg de link of scan de QR-code met je smartphone. Smartphones met iOS kunnen de QR-code automatisch scannen met hun camera. Voor smartphones met Android zal je misschien eerst een app moeten installeren die QR-codes kan lezen.

WELKE STEKEN ZIJN ER?

Misschien is het voor jou wel de eerste keer dat je amigurumi maakt en wil je graag wat uitleg bij de basissteken. Met de steken die we op de volgende pagina's uitleggen, kan je alle amigurumi in dit boek maken. Probeer de verschillende steken even uit voor je een figuurtje begint te haken. Het zal je helpen om de patronen en afkortingen sneller te begrijpen, zonder voortdurend naar deze pagina's te moeten terugbladeren.

VIDEO-INSTRUCTIES

Bij elke steekuitleg hebben we een URL en QR-code toegevoegd die je naar onze online video-instructie brengt, die toont de techniek stap voor stap om je te helpen deze nog sneller te beheersen. Volg de link of scan de QR-code met je smartphone. Telefoons met iOS scannen de QR-code automatisch in cameramodus. Voor telefoons met Android zal je misschien eerst een app moeten installeren die QR-codes kan lezen.

DE LOSSE (afkorting: l)

Deze steek vormt de basis van heel wat haakpatronen. Wanneer je in rijen werkt, zal je eerste rij bestaan uit een reeks lossen. Vorm een lus met je garen. Gebruik je haaknaald om de lange draad door de lus te trekken (1). Trek de lus strak (2). Wikkel het garen over de haaknaald van achteren naar voren. Trek de draad door de lus die zich al op je haaknaald bevindt (3). Je hebt nu een eerste losse gehaakt. Herhaal deze stappen, zoals aangegeven in het patroon, om een ketting (4) van meerdere lossen te haken.

Scan of bezoek www.stitch.show/ch voor video-instructies.

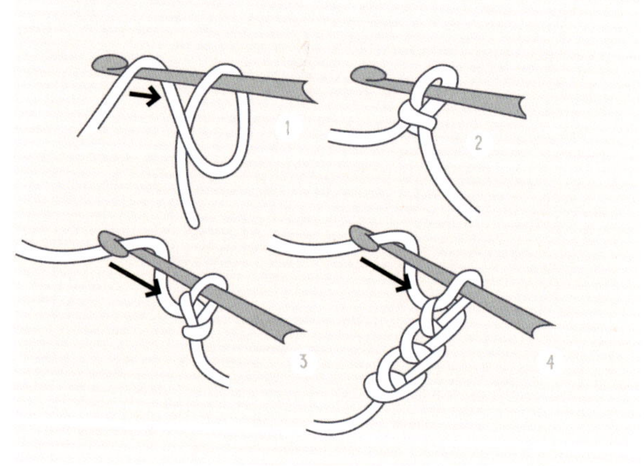

DE VASTE (afkorting: v)

Wanneer je een nieuwe rij vasten begint, haak je een keerlosse om hoogte te winnen. Steek je haaknaald in het gaatje in het midden van de eerste steek (1) en wikkel het garen over de haaknaald. Trek het garen door de steek (2). Je hebt nu twee lussen op je haaknaald. Wikkel het garen nog een keer over je haaknaald en trek het door beide lussen op je haaknaald (3). Je hebt nu een vaste gehaakt (4). Maak een tweede vaste in de volgende steek (5).

Scan of bezoek www.stitch.show/sc voor video-instructies.

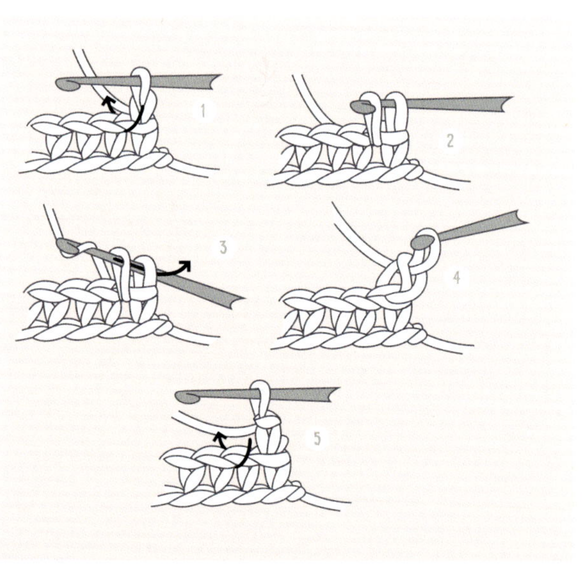

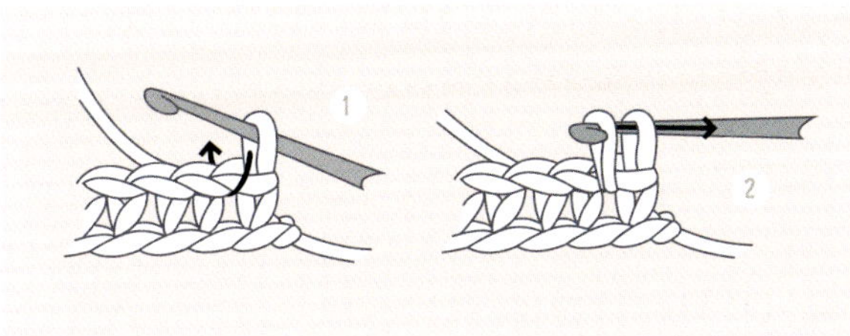

DE HALVE VASTE (afkorting: hv)

Plaats de haaknaald in de volgende steek (1). Wikkel het garen over de haaknaald. Trek de draad door de steek en onmiddellijk door de lus op je haaknaald (2).

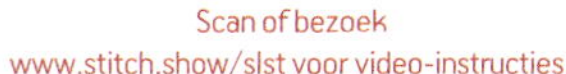
Scan of bezoek
www.stitch.show/slst voor video-instructies.

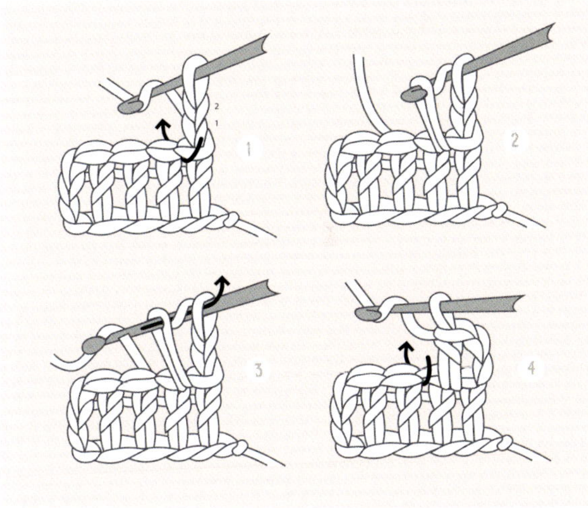

HET HALF STOKJE (afkorting: hst)

Wanneer je een nieuwe rij halve stokjes begint, haak je twee lossen om hoogte te winnen. Sla je garen over je haaknaald van achteren naar voren. Plaats nu je haaknaald in de volgende steek (1). Wikkel het garen over de haaknaald en trek de draad door de steek. Je hebt nu drie lussen op je haaknaald (2). Wikkel het garen opnieuw over de haaknaald en trek de draad door alle drie de lussen op je haaknaald (3). Dit is je eerste half stokje. Om verder te gaan, breng je je garen weer over de haaknaald en steek je de haaknaald in de volgende steek (4).

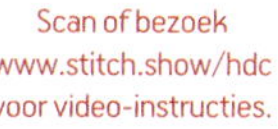
Scan of bezoek
www.stitch.show/hdc
voor video-instructies.

HET STOKJE (afkorting: st)

Wanneer je een nieuwe rij stokjes begint, haak je drie lossen om hoogte te winnen. Sla het garen over je haaknaald van achteren naar voren. Steek nu je haaknaald in de volgende steek (1). Wikkel het garen over de haaknaald en trek de draad door de steek. Je hebt nu drie lussen op je haaknaald (2). Wikkel het garen opnieuw over de haaknaald en trek de draad door de eerste twee lussen op de haaknaald (3). Je hebt nu nog twee lussen op je haaknaald. Wikkel het garen nog een laatste keer over de haaknaald en trek de draad door beide lussen (4). Je stokje is klaar. Om verder te gaan, breng je het garen weer over de haaknaald en steek je de haaknaald in de volgende steek (5).

Scan of bezoek
www.stitch.show/dc
voor video-instructies.

HET DUBBEL STOKJE (afkorting: dst)

Wanneer je een nieuwe rij dubbele stokjes begint, haak je vier lossen om hoogte te winnen. Sla het garen tweemaal over je haaknaald van achteren naar voren. Steek nu je haaknaald in de volgende steek (1). Wikkel het garen over de haaknaald en trek de draad door de steek. Je hebt nu vier lussen op je haaknaald (2). Wikkel het garen opnieuw over de haaknaald en trek de draad door de eerste twee lussen op de haaknaald (3). Herhaal deze laatste stap tweemaal (4 & 5). Je dubbel stokje is klaar. Om verder te gaan, breng je het garen weer tweemaal over de haaknaald en steek je de haaknaald in de volgende steek.

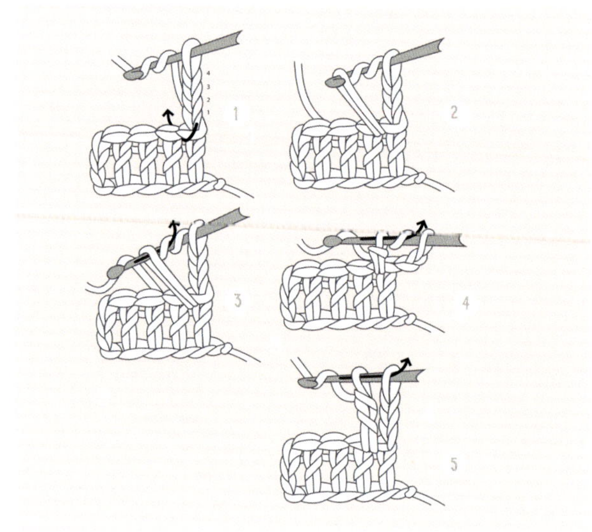

Scan of bezoek www.stitch.show/tr voor video-instructies.

MEERDEREN

Om te meerderen haak je twee vasten in eenzelfde steek. In het patroon lees je bijvoorbeeld: 'haak 2 v in elke 3e v'. Dit betekent dat je in alle steken een vaste haakt, behalve in elke derde steek, daar haak je telkens twee vasten. Wanneer je 'haak 2 v in v 2, 9, 12' leest, betekent dit dat je in de vermelde steken twee vasten haakt en in de overige steken één vaste.

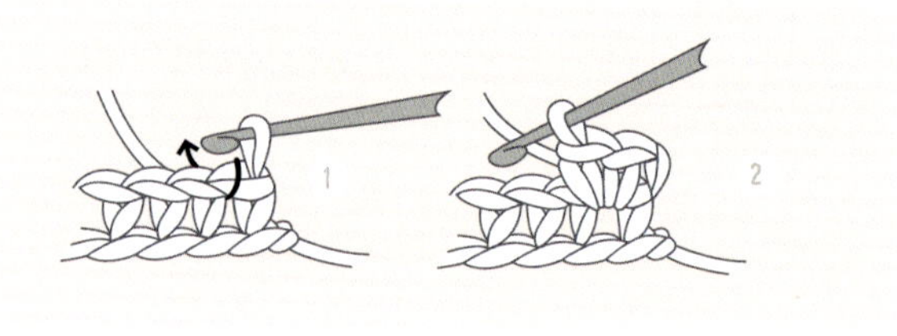

Scan of bezoek www.stitch.show/inc voor video-instructies.

ONZICHTBAAR MINDEREN

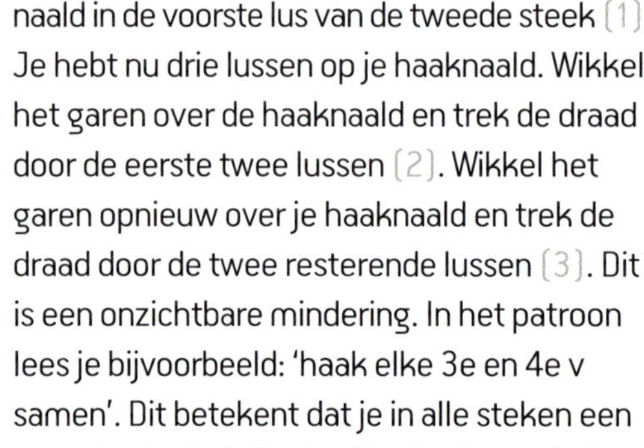

Plaats de haaknaald in de voorste lus van de eerste steek. Steek nu onmiddellijk je haaknaald in de voorste lus van de tweede steek (1). Je hebt nu drie lussen op je haaknaald. Wikkel het garen over de haaknaald en trek de draad door de eerste twee lussen (2). Wikkel het garen opnieuw over je haaknaald en trek de draad door de twee resterende lussen (3). Dit is een onzichtbare mindering. In het patroon lees je bijvoorbeeld: 'haak elke 3e en 4e v samen'. Dit betekent dat je in alle steken een vaste haakt, behalve in elke derde steek. Daar begin je telkens met een mindering.

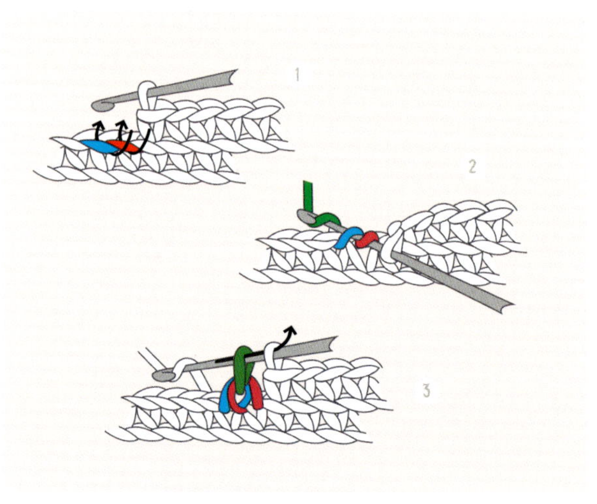

Scan of bezoek www.stitch.show/dec voor video-instructies.

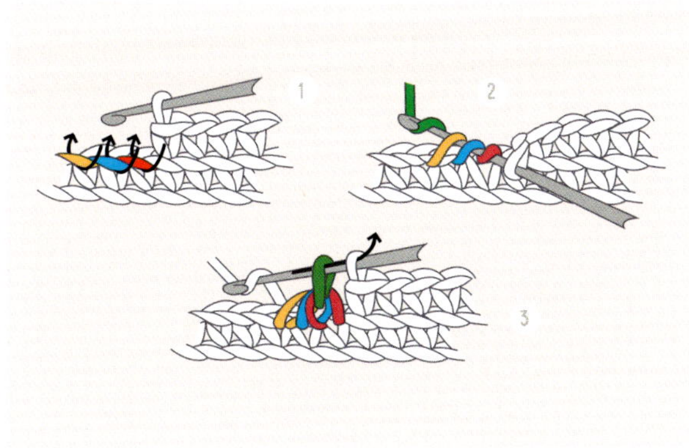

MEERDERE STEKEN ONZICHTBAAR MINDEREN

Af en toe minderen we meer dan twee steken gelijktijdig. In dit voorbeeld tonen we een onzichtbare mindering met drie vasten. Steek de haaknaald in de voorste lus van de eerste steek. Steek nu onmiddellijk je haaknaald in de voorste lus van de tweede steek en de voorste lus van de derde steek (1). Je hebt nu vier lussen op je haaknaald. Wikkel het garen over de haaknaald en trek de draad door de eerste drie lussen (2). Wikkel het garen opnieuw over je haaknaald en trek de draad door de twee resterende lussen (3). Dit is een onzichtbare mindering met drie vasten.

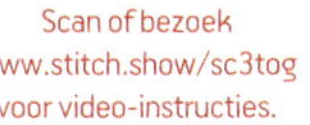

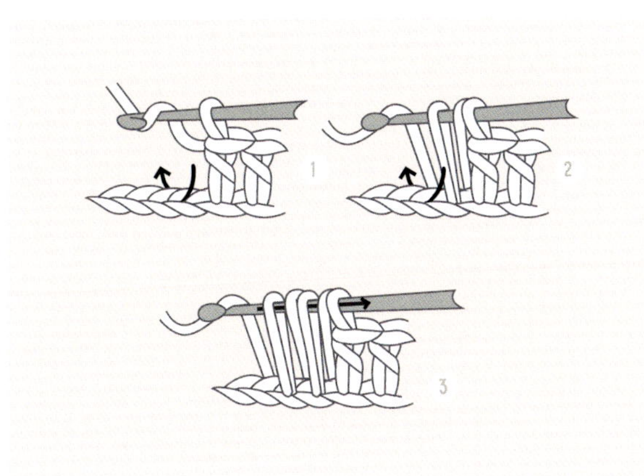

TWEE HALVE STOKJES MINDEREN

Sla het garen over je haaknaald van achteren naar voren. Steek de haaknaald in de volgende steek (1). Wikkel het garen over je haaknaald en trek de draad door de steek. Je hebt nu drie lussen op je haaknaald. Herhaal dit nu vanaf het begin in de volgende steek (2). Je hebt nu vijf lussen op je haaknaald. Wikkel het garen nog een laatste keer over je haaknaald (3) en trek de draad door alle lussen op je haaknaald. Je hebt nu twee halve stokjes geminderd.

Scan of bezoek
www.stitch.show/hdcdec
voor video-instructies.

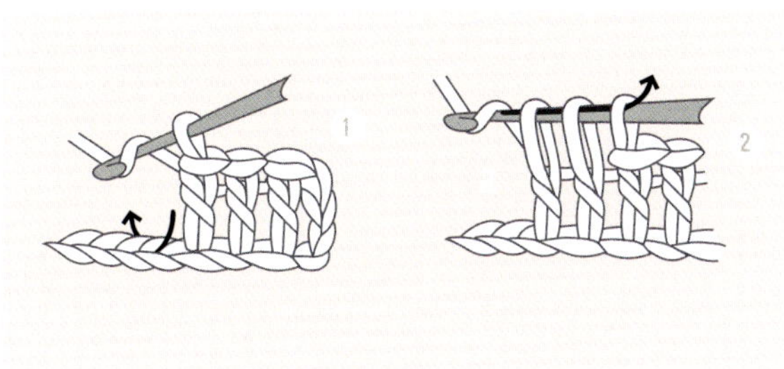

TWEE STOKJES MINDEREN

Sla het garen over je haaknaald van achteren naar voren. Steek de haaknaald in de volgende steek (1). Wikkel het garen over je haaknaald en trek de draad door de steek. Je hebt nu drie lussen op je haaknaald. Wikkel het garen opnieuw over de haaknaald en trek de draad door de eerste twee lussen op de haaknaald. Je hebt nu nog twee lussen op je haaknaald. Herhaal dit nu vanaf het begin in de volgende steek. Je hebt nu drie lussen op je haaknaald. Wikkel het garen nog een laatste keer over je haaknaald (2) en trek de draad door alle lussen op je haaknaald. Je hebt nu twee stokjes geminderd.

Scan of bezoek
www.stitch.show/dcdec
voor video-instructies.

DE MAGISCHE RING

Een magische ring is de ideale manier om te beginnen met het haken van een rondje. Het voordeel van deze methode is dat er geen zichtbaar gaatje in het midden van je rondje overblijft. Vorm een ring met je garen (1). Steek je haaknaald door deze ring en haal de lange draad door de ring (2). Trek de draad niet te strak, je hebt een losse ring nodig. Houd de ring vast met je duim en wijsvinger en wikkel de lange draad over je middelvinger (3). Maak een losse door je garen over je haaknaald te wikkelen en door de lus op de haaknaald te halen (4). Trek de losse aan (5). Vervolgens ga je met je haaknaald onder de ring, wikkel je het garen over je naald (6) en trek je de draad naar voren door de ring. Je hebt nu twee lussen op je haaknaald. Wikkel het garen nogmaals over de haaknaald en trek het door beide lussen op je haaknaald (7). Je hebt nu een eerste vaste in de ring gehaakt (8). Haak verder tot je het vereiste aantal steken hebt, zoals vermeld in het patroon. Neem nu het korte eindje en trek zachtjes (9). Je ziet dat een van de twee draden in de ring schuift. Trek tot het rondje zich volledig sluit (10). Je kan nu een tweede ronde beginnen in de eerstvolgende steek. Het is handig om je laatste steek te markeren met een markeerring, zodat je straks weet waar je begonnen was.

Ben je niet zo'n fan van de magische ring, dan kan je de volgende techniek gebruiken: haak twee lossen, haak vervolgens evenveel vasten als aangegeven staat voor de magische ring in de tweede losse en sluit met een halve vaste.

Scan of bezoek www.stitch.show/magicring voor video-instructies.

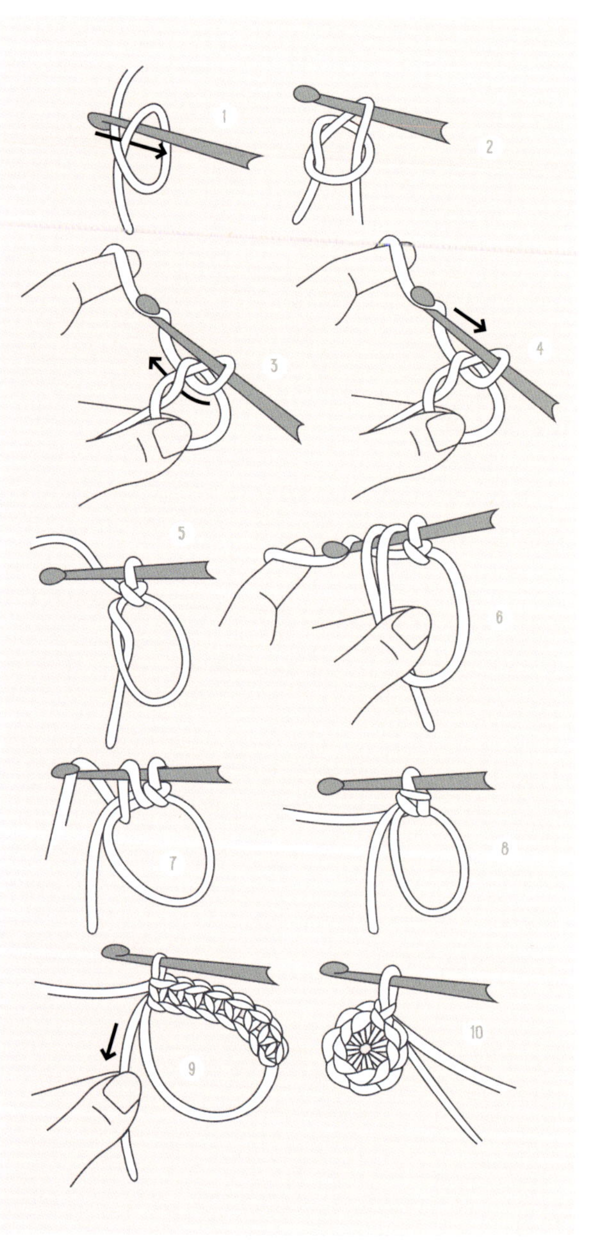

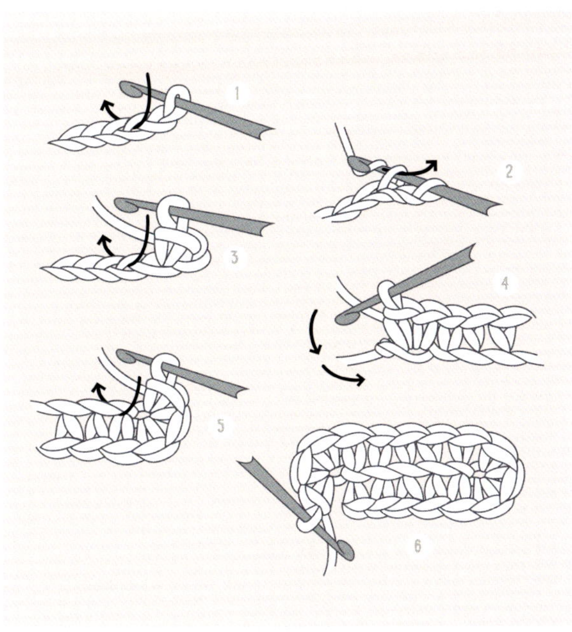

HAKEN ROND EEN KETTING LOSSEN

Wanneer je geen bolle vorm, maar een ovaal wil haken, begin je met een ketting lossen. Haak terug op de ketting lossen zoals aangegeven in het patroon (1, 2, 3). Draai vervolgens je haakwerk, zodat de basisketting weer bovenaan komt te liggen (4, 5), en haak verder in de onderzijde van de ketting lossen. De onderzijde heeft slechts één lusje, steek je haaknaald onder dit ene lusje en maak je steek zoals je gewend bent. Na R 1 kan je eenvoudigweg verder in rondes haken (6).

Scan of bezoek www.stitch.show/oval voor video-instructies.

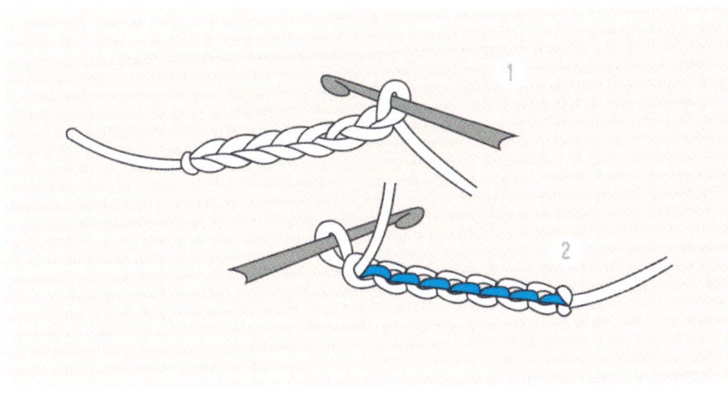

HAKEN IN DE ONDERZIJDE VAN EEN KETTING LOSSEN

Een ketting lossen heeft een boven- en een onderzijde. De bovenzijde heeft twee lusjes (1), de onderzijde slechts één (2). Wanneer vermeld wordt dat je in de onderzijde haakt, steek je je haaknaald onder dit ene lusje en maak je je steek verder zoals je gewend bent.

Scan of bezoek www.stitch.show/backridge voor video-instructies.

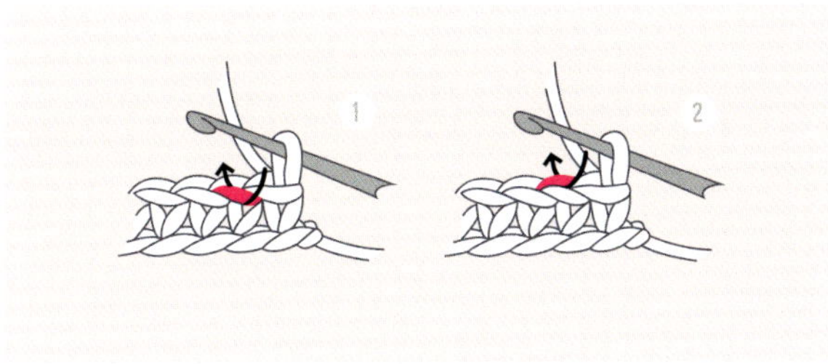

HAKEN DOOR DE VOORSTE LUS OF HAKEN DOOR DE ACHTERSTE LUS

Wanneer je een vaste haakt, heb je bovenaan je haakwerk twee lusjes: de lus die naar je toe gericht is (voorste lus (1)) en de lus die van je weg ligt (achterste lus (2)). Wanneer gevraagd wordt om enkel door de voorste of de achterste lus te haken, steek je je haaknaald niet onder beide lussen, maar enkel onder de betreffende lus en maak je je steek verder zoals je gewend bent.

Scan of bezoek www.stitch.show/FLO-BLO voor video-instructies.

DE RELIËFVASTE

De reliëfvaste haak je voor of achter een andere steek van de vorige ronde. Je steekt de haaknaald dus niet onder de bovenste lusjes van de steek (het v'tje), maar om de opstaande steek van de vorige ronde. Voor een reliëfvaste achterlangs gaat de haaknaald van achteren naar voren en weer van voren naar achteren. Voor een reliëfvaste voorlangs gaat de haaknaald van voren naar achteren en weer van achteren naar voren.

Scan of bezoek www.stitch.show/BP-FP voor video-instructies.

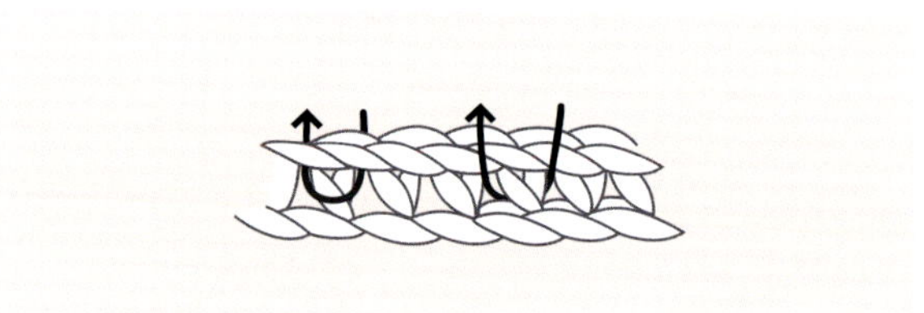

NOPPENSTEEK

De noppensteek maakt een kleine bobbel in je haakwerk. Een nop kan je zien als een bundel stokjes in eenzelfde steek. In dit voorbeeld maken we een nop van drie stokjes. Je kan de nop uiteraard ook met meer stokjes maken. Sla je garen over je haaknaald van achteren naar voren. Plaats nu je haaknaald in de volgende steek (1). Wikkel het garen over de haaknaald en trek de draad door de steek. Je hebt nu drie lussen op je haaknaald. Wikkel het garen opnieuw over de haaknaald en trek de draad door de eerste twee lussen op je haaknaald. Dit is je eerste half stokje. Je hebt nog twee lussen op je haaknaald. Herhaal deze stappen tweemaal vanaf het begin in dezelfde steek (2). Je hebt nu vier lussen op je haaknaald. Wikkel het garen over je haaknaald en trek de draad door alle vier de lussen op je haaknaald (3). Dit is een nop van drie stokjes. Haak een nop met evenveel stokjes als aangegeven in het patroon.

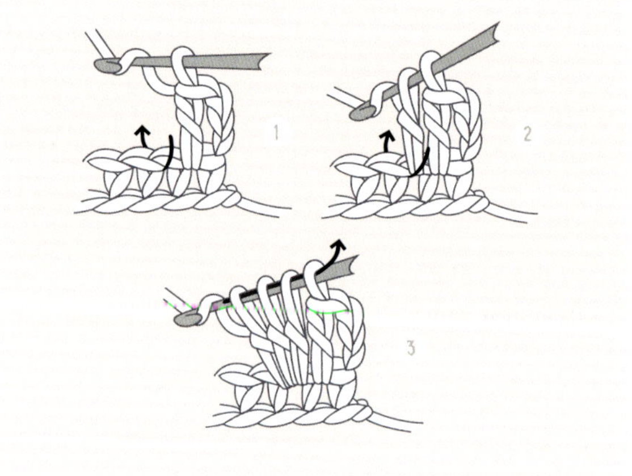

Scan of bezoek www.stitch.show/bobble voor video-instructies.

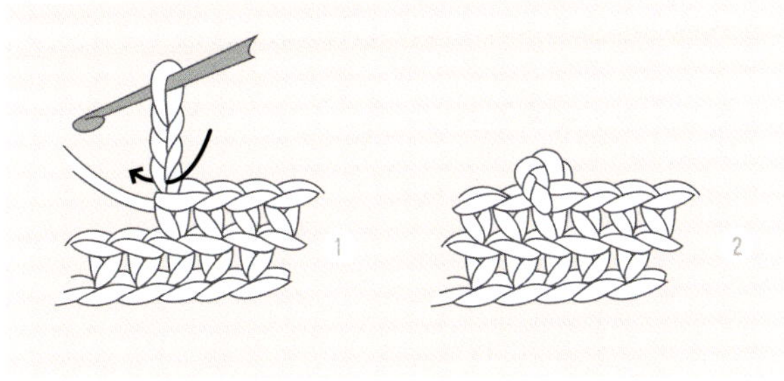

PICOTSTEEK

Haak drie lossen. Plaats de haaknaald in de eerste losse die je net haakte (1). Wikkel het garen over de haaknaald. Trek de draad door de steek en onmiddellijk door de lus op je haaknaald (2). Je hebt nu een picotsteek gehaakt.

Scan of bezoek www.stitch.show/picot voor video-instructies.

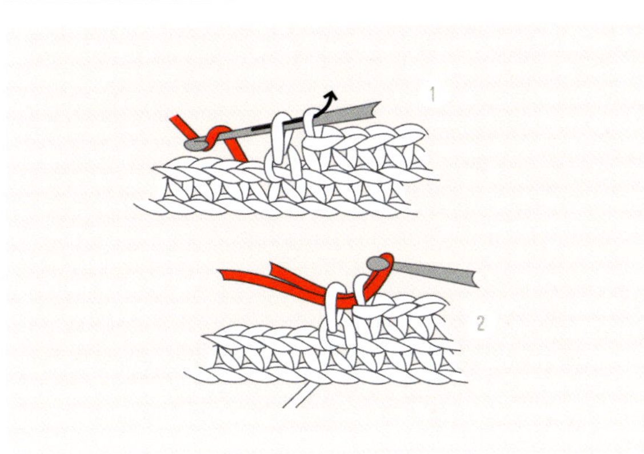

ONZICHTBAAR VAN KLEUR WISSELEN

Wanneer je van een kleur naar een andere wil overstappen, haak je tot twee steken voor de kleurwissel. Begin de volgende vaste zoals gewoonlijk. Op het moment dat je twee lussen op je haaknaald hebt, wikkel je de nieuwe kleur garen rond je haaknaald (1) en haal je de nieuwe draad door de overgebleven lussen (2). Om een nette kleurwissel te maken, haak je de volgende steek een halve vaste in plaats van een vaste. Trek die niet te strak aan. Leg een knoopje in de losse eindjes en zorg ervoor dat ze aan de binnenkant van je haakwerk blijven.

Scan of bezoek www.stitch.show/colorchange voor video-instructies.

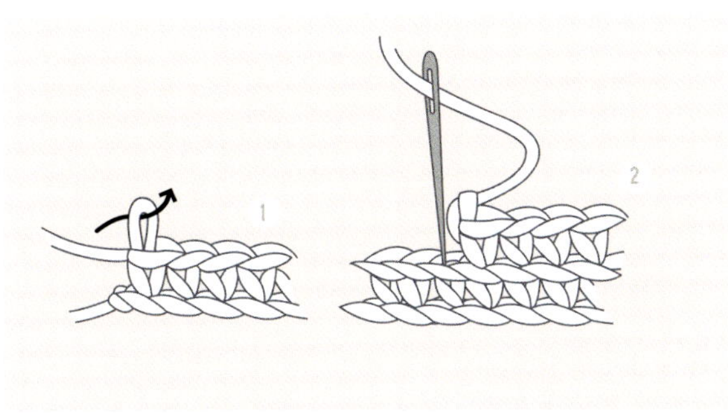

AFHECHTEN

Als je klaar bent met haken, knip dan de draad een eindje van je laatste steek door. Trek de draad volledig door de laatste lus (1). Je hebt nu een afgewerkte knoop. Haal je garen door een stopnaald en rijg de draad door de achterste lus van de volgende steek (2). Op die manier blijft de knoop onzichtbaar in je haakwerk. Je kan dit stukje garen ook gebruiken om de verschillende delen van je amigurumi aan elkaar vast te maken.

Scan of bezoek www.stitch.show/fastenoff voor video-instructies.

ALLE ONDERDELEN BEVESTIGEN

Speld eerst de onderdelen die je aan elkaar wil naaien vast, zodat je het resultaat kan beoordelen en eventueel nog kan aanpassen. Gebruik een stukje draad dat je bij het afhechten behouden hebt of gebruik dezelfde kleur garen als (een van) de stukken die je wil samenvoegen.

Sommige ontwerpers laten de verschillende onderdelen open, anderen haken ze volledig dicht. Om open onderdelen aan elkaar te naaien, plaats je het ene deel op het andere en naai je rondom door de voorste lus van beide delen. Wanneer beide delen dichtgemaakt zijn, naai je door de voorste lus van het ene onderdeel en de achterste lus van het andere. Zorg er altijd voor dat alle onderdelen goed vastzitten, zodat kinderhandjes ze niet uit elkaar kunnen trekken.

VLIEG MEE
OP DE RUG VAN
EEN *hippogrief,*
TEL
DE KONIJNEN
op de maan
EN DANS MET DE
pixies
& bosnimfen
IN HET WOUD...

Nestor
HET MONSTER VAN LOCH NESS

DOOR DIY FLUFFIES

In het geheimzinnige Loch Ness in Schotland woont een waterwezen dat Nestor heet. Hij woont in de diepte van het meer, samen met zijn onderwaterliefje Nessie. Misschien heb je hem al wel eens gezien: soms komt hij namelijk even boven water piepen naar die tweebenige monstertjes die langs de oever van het meer lopen en naarstig naar iets op zoek lijken.

Moeilijkheidsgraad: ★
Grootte: 21 cm (gehaakt met een haaknaald van 2,5 mm)

Amigurumi-galerij: Scan of bezoek www.amigurumipatterns.net/3201 om foto's te delen of inspiratie te vinden!

MATERIAAL:

(2) garen in
- blauw
- donkerblauw (restje)
- groen

Ovale veiligheidsoogjes (12 mm)
2,5 mm haaknaald
Stopnaald
Spelden
Markeerringen
Fiberfill

LIJFJE (in blauw garen)

R 1: haak een magische ring met 6 v [6]
R 2: haak 2 v in elke v [12]
R 3: haak 2 v in elke 2e v [18]
R 4: haak 2 v in elke 3e v [24]
R 5: haak 2 v in elke 4e v [30]
R 6: haak 2 v in elke 5e v [36]
R 7: haak 2 v in elke 6e v [42]
R 8: haak 2 v in elke 7e v [48]
R 9: haak 2 v in elke 8e v [54]
R 10 t/m 16: haak 54 v [54] Markeer de 24e en 37e steek van R 16 met markeerringen. Hier komt later de nek.
R 17 t/m 23: haak 54 v [54]
R 24: haak 2 v in elke 9e v [60]
R 25 t/m 30: haak 60 v [60]
R 31: haak v 31&32, 40&41 samen [58]
R 32: haak v 30&31, 39&40 samen [56]
R 33: haak 56 v [56]
R 34: haak v 30&31, 38&39 samen [54]
R 35: haak elke 8e en 9e v samen [48]
R 36: haak v 17&18, 26&27, 33&34, 42&43 samen [44]
R 37: haak 44 v [44]
R 38: haak v 25&26, 31&32 samen [42]
R 39: haak elke 6e en 7e v samen [36]
R 40: haak elke 5e en 6e v samen [30]
R 41: haak 30 v [30]
R 42: haak elke 4e en 5e v samen [24]
R 43: haak 24 v [24]
R 44: haak elke 7e en 8e v samen [21]
R 45 t/m 46: haak 21 v [21]
R 47: haak elke 6e en 7e v samen [18]
R 48 t/m 49: haak 18 v [18]
R 50: haak elke 5e en 6e v samen [15]
R 51: haak 15 v [15]
R 52: haak elke 4e en 5e v samen [12]
R 53: haak elke 3e en 4e v samen [9]
R 54: haak elke 2e en 3e v samen [6]
Neem het overblijvende stukje garen op je stopnaald. Haal het garen door de overblijvende steken en trek het

aan om het laatste gaatje te sluiten. Verberg het eindje garen.

HOOFDJE (in blauw garen)

R 1: haak een magische ring met 6 v [6]
R 2: haak 2 v in elke v [12]
R 3: haak 2 v in elke 2e v [18]
R 4: haak 2 v in elke 3e v [24]
R 5: haak 2 v in elke 4e v [30]
R 6: haak 30 v [30]
R 7: haak 2 v in elke 5e v [36]
R 8 t/m 9: haak 36 v [36] Markeer de 16e en 21e steek van R 9 met markeerringen. Hier komen later de veiligheidsoogjes.
R 10: haak 2 v in elke 6e v [42]
R 11 t/m 15: haak 42 v [42]
Markeer de 16e en 28e steek van R 15 met markeerringen. Hier komt later de snuit. Plaats de veiligheidsoogjes tussen R 8 en 9, één oogje tussen steken 16-17 en het andere tussen steken 20-21.
R 16: haak elke 6e en 7e v samen [36]
R 17 t/m 18: haak 36 v [36]
R 19: haak elke 5e en 6e v samen [30]
R 20: haak 30 v [30]
R 21: haak elke 4e en 5e v samen [24]
R 22: haak 24 v [24]
R 23: haak elke 3e en 4e v samen [18]
R 24 t/m 31: haak 18 v [18]
R 32: haak 2 v in elke 6e v [21]
R 33: haak 21 v [21]
R 34: haak 2 v in elke 7e v [24]
R 35: haak 24 v [24]
R 36: haak 2 v in elke 4e v [30]
R 37: haak 30 v [30]
R 38: haak 2 v in v 5, 6, 7, 8, 9, 10 [36]
R 39: haak 2 v in v 6, 8, 10, 12, 14, 16 [42]
Hecht af en laat een lang stuk garen hangen.

SNUIT (in blauw garen)

R 1: haak een magische ring met 6 v [6]
R 2: haak 2 v in elke v [12]
R 3: haak 2 v in elke 2e v [18]
R 4: haak 2 v in elke 3e v [24]
R 5: haak 2 v in elke 4e v [30]
R 6: haak 2 v in elke 5e v [36]
R 7: haak 36 v [36]
R 8: haak 2 v in elke 6e v [42]
R 9 t/m 12: haak 42 v [42]
R 13: haak elke 6e en 7e v samen [36]
R 14: haak 36 v [36]
R 15: haak elke 5e en 6e v samen [30]
Hecht af en laat een lang stuk garen hangen. Naai de snuit op R 11-21 van het hoofdje, het midden van de snuit komt tussen de gemarkeerde steken op R 15.

NEUSGAT (maak 2 stuks, in donkerblauw garen)
R 1: haak een magische ring met 6 v [6]
R 2: haak 2 v in elke v [12]
Haak een hv in de volgende steek. Hecht af en laat een lang stuk garen hangen. Naai de neusgaten op R 6-9 van de snuit.

STEKEL (maak 3 stuks, in groen garen)
R 1: haak een magische ring met 4 v [4]
R 2: haak 2 v in elke v [8]
R 3 t/m 6: haak 8 v [8]
Haak een hv in de volgende steek. Hecht af en laat een lang stuk garen hangen. De stekels hoeven niet opgevuld te worden. Vouw de stekels dicht. Naai de stekels op de achterkant van het hoofdje, op R 6-18, met 1 ronde tussen elke stekel.
Naai het hoofdje tussen R 9-26 van het lijfje. Het midden van de nek komt tussen de gemarkeerde steken op R 16.

VOORVIN (maak 2 stuks, in blauw garen)
R 1: haak een magische ring met 6 v [6]
R 2: haak 2 v in elke 2e v [9]
R 3: haak 2 v in v 5 [10]
R 4: haak 2 v in v 5, 7 [12]
R 5: haak 2 v in v 7, 8 [14]
R 6: haak 2 v in v 9 [15]
R 7: haak 2 v in v 9, 10 [17]
R 8: haak 2 v in v 2, 11 [19]
R 9: haak 2 v in v 12 [20]
R 10: haak 2 v in v 12, 13 [22]
R 11: haak 2 v in v 3 [23]
R 12 t/m 13: haak 23 v [23]
R 14: haak 2 v in v 4 [24]
R 15: haak v 15&16, 17&18 samen [22]
R 16: haak v 15&16 samen [21]
R 17: haak 21 v [21]
R 18: haak v 4&5, 15&16 samen [19]
R 19: haak v 12&13, 15&16 samen [17]
R 20: haak v 3&4, 13&14 samen [15]
Hecht af en laat een lang stuk garen hangen.

ACHTERVIN (maak 2 stuks, in blauw garen)
R 1: haak een magische ring met 6 v [6]
R 2: haak 2 v in elke 2e v [9]
R 3: haak 2 v in v 5 [10]
R 4: haak 2 v in v 5, 7 [12]
R 5: haak 2 v in v 7, 8 [14]
R 6: haak 2 v in v 9 [15]
R 7: haak 2 v in v 9, 10 [17]
R 8: haak 2 v in v 2, 11 [19]
R 9: haak 2 v in v 12 [20]
R 10: haak 20 v [20]
R 11: haak 2 v in v 3 [21]
R 12 t/m 13: haak 21 v [21]
R 14: haak 3 v, haak 2 v in de volgende steek, haak 8 v, haak de volgende 4 steken twee per twee samen, haak 5 v [20]
R 15: haak v 13&14, 15&16 samen [18]
R 16: haak 18 v [18]
R 17: haak v 13&14 samen [17]
R 18: haak v 4&5, 12&13, 14&15 samen [14]
Hecht af en laat een lang stuk garen hangen. Naai de voorvinnen op R 13-19, met onderaan 15 steken tussen beide. Naai de achtervinnen op R 33-38, met onderaan (op R 33) 17 steken tussen beide.

MINIVLEK (in groen garen)
R 1: haak een magische ring met 6 v [6]
Haak een hv in de volgende steek. Hecht af en laat een stuk garen hangen.

KLEINE VLEK (in groen garen)
R 1: haak een magische ring met 8 v [8]
R 2: haak 2 v in elke v [16]
Haak een hv in de volgende steek. Hecht af en laat een lang stuk garen hangen.

MEDIUM VLEK (in groen garen)
R 1: haak een magische ring met 8 v [8]
R 2: haak 2 v in elke v [16]
R 3: haak 2 v in elke 2e v [24]
Haak een hv in de volgende steek. Hecht af en laat een lang stuk garen hangen.

GROTE VLEK (in groen garen)
R 1: haak een magische ring met 8 v [8]
R 2: haak 2 v in elke v [16]
R 3: haak 2 v in elke 2e v [24]
R 4: haak 24 v [24]
Haak een hv in de volgende steek. Hecht af en laat een lang stuk garen hangen. Naai de vlekken op de rug. In het voorbeeld naaiden we de mini-vlek op R 24-26, de kleine vlek op R 25-29, de medium vlek op R 32-38 en de grote vlek op R 30-37.

Livia
DE BOSNIMF

DOOR AMOUR FOU (CARLA MITRANI)

Livia is een van de laatste bosnimfen. Ze is erg verlegen en ze woont dan ook in het donkerste deel van het woud. Livia is heel erg oud en heeft al verschillende eeuwen zien passeren. Maar nu haar soort in gevaar is, moet ze zich wel laten zien. Livia ijvert voor het behoud van de bossen. De bomen waar ze zo van houdt, hebben de ongelofelijke gave dat ze schone lucht, rust én schaduw bieden. Als we nu allemaal meer bomen planten, dan zullen er ook meer bosnimfen zijn, en is Livia niet meer zo alleen.

Moeilijkheidsgraad: ★★
Grootte: 26 cm (gehaakt met een haaknaald van 2,75 mm)

Amigurumi-galerij: Scan of bezoek www.amigurumipatterns.net/3202 om foto's te delen of inspiratie te vinden!

MATERIAAL:

(3) garen in
- huidkleur
- bruin
- lichtgroen
- donkergroen
- roze (restje)

2,75 mm haaknaald
Veiligheidsoogjes (10 mm)
Stopnaald
Markeerringen
Fiberfill

BEEN (maak 2 stuks, begin in huidkleurig garen)
We maken 2 benen, die we later aan elkaar haken.
R 1: haak een magische ring met 6 v [6]
R 2: haak 2 v in elke v [12]
R 3: haak deze ronde enkel in de achterste lus, haak 12 v [12]
Vul het been op met fiberfill en blijf vullen naarmate je verder haakt.
R 4 t/m 17: haak 12 v [12]
Hecht af op het eerste been en verberg het eindje garen. Hecht niet af op het tweede been. In de volgende ronde verbinden we beide benen met elkaar om het lijfje te maken.

LIJFJE (in huidkleurig garen)
Haak verder vanaf het tweede been.
R 18: haak 3 l, haak 1 v op het eerste been om te verbinden (afbeeldingen 1-2), haak 11 v op het eerste been (afbeelding 3), haak 3 v in de lossen, haak 12 v op het tweede been (afbeelding 4), haak 3 v in de andere zijde van de ketting lossen (afbeelding 5) [30]
R 19 t/m 24: haak 30 v [30]
R 25: haak elke 4e en 5e v samen [24]
R 26 t/m 29: haak 24 v [24]
R 30: haak elke 3e en 4e v samen [18]
R 31 t/m 32: haak 18 v [18]
Vul het lijfje op met fiberfill en blijf vullen naarmate je

1

2

3

4

5

verder haakt.
Wissel naar bruin garen.
R 33: haak 18 v [18]
Wissel naar huidkleurig garen.
R 34: haak deze ronde enkel in de achterste lus, haak 18 v [18]
R 35: haak 18 v [18]
R 36: haak elke 2e en 3e v samen [12]
R 37 t/m 40: haak 12 v [12]
Hecht niet af. Werk verder aan het hoofdje.

HOOFDJE (in huidkleurig garen)
R 41: haak 2 v in elke v [24]
R 42: haak 2 v in elke 2e v [36]
R 43: haak 2 v in elke 6e v [42]
Vul de nek stevig op met fiberfill.
R 44 t/m 56: haak 42 v [42]
R 57: haak elke 6e en 7e v samen [36]
Plaats de veiligheidsoogjes tussen R 47-48 van het hoofdje, met 8 steken tussen beide. Borduur de neus tussen de ogen met huidkleurig garen. Borduur Livia's wangen met een restje roze garen.
R 58: haak elke 5e en 6e v samen [30]
R 59: haak elke 4e en 5e v samen [24]
R 60: haak elke 3e en 4e v samen [18]
Vul het hoofdje stevig op met fiberfill.
R 61: haak elke 2e en 3e v samen [12]
R 62: haak alle vasten twee per twee samen [6]
Hecht af en verberg het eindje garen.

JURK/BOOMSTAM (in bruin garen)
Houd de pop ondersteboven. Haal een lus bruin garen naar boven in een voorste lus op R 34, op Livia's rug.
R 1: haak deze ronde enkel in de voorste lus, haak 18 v [18]
R 2: haak 18 v [18]
R 3: haak 2 v in elke 3e v [24]
R 4 t/m 5: haak 24 v [24]
R 6: haak 2 v in elke 4e v [30]
R 7 t/m 10: haak 30 v [30]
R 11: haak 2 v in elke 5e v [36]
R 12 t/m 17: haak 36 v [36]
R 18: haak 2 v in elke 6e v [42]
R 19 t/m 28: haak 42 v [42]
R 29: haak 2 v in elke 7e v [48]
R 30 t/m 36: haak 48 v [48]
R 37: haak 48 hv [48]
Hecht af en verberg het eindje garen.

TOUWTJE VAN DE JURK (in bruin garen)
Haak 25 l. Hecht af en laat een lang stuk garen hangen. Plaats het touwtje rond de nek en naai het in het midden van de borst vast.

ARM/TAK (maak 2 stuks, in huidkleurig garen)
R 1: haak een magische ring met 4 v [4]
R 2: haak 2 v in elke v [8]
R 3 t/m 23: haak 8 v [8]
De arm hoeft niet opgevuld te worden. Vouw de arm dicht en haak de volgende ronde door beide zijden om de opening te sluiten.
R 24: haak 4 v [4]
Hecht af en laat een lang stuk garen hangen. Naai de armen aan de zijkanten van het lijfje, tussen R 37-38.

HAAR/KRUIN (in lichtgroen garen)
R 1: haak een magische ring met 6 v [6]
R 2: haak 2 v in elke v [12]
R 3: haak deze ronde enkel in de achterste lus, haak 2 v in elke 2e v [18]
R 4: haak 2 v in elke 3e v [24]
R 5: haak 2 v in elke 4e v [30]
R 6: haak 2 v in elke 5e v [36]
R 7: haak 2 v in elke 6e v [42]
R 8: haak deze ronde enkel in de achterste lus, haak 2 v in elke 14e v [45]
R 9 t/m 17: haak 45 v [45]

De kruin bestaat uit 3 lagen. Begin met de eerste laag.
R 18: (haak 31 l (afbeelding 6), sla de eerste steek over, begin in de tweede steek, haak 30 v op de ketting lossen (afbeelding 7) tot je de rand van het haarstuk bereikt (afbeelding 8), haak 2 v op het haarstukje (afbeelding 9)) doe dit 22 keer. Laat de laatste steek op het haarstukje open.
Hecht af en laat een lang stuk garen hangen.

Werk verder aan de tweede laag van de kruin. Haal een lus donkergroen garen naar boven in de voorste lus van

12

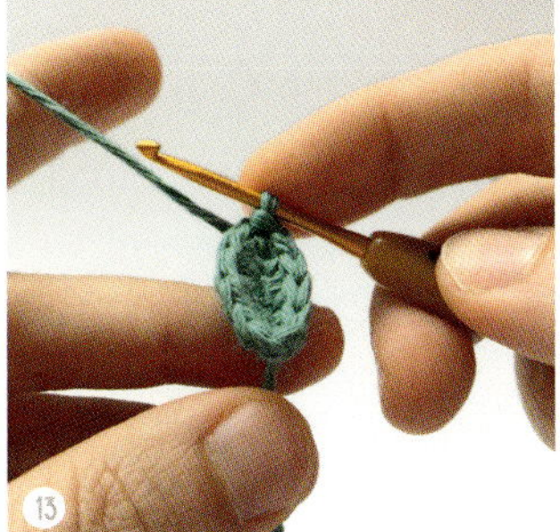
13

Wist je dat ... Lydia de Bosnimf een hartsvriendin heeft in Lily de Waternimf? Haar patroon maakt deel uit van ons eerste boek "Amigurumi Fantasy".

de eerste steek van R 8 (afbeelding 10).
R 1: (haak 36 l, sla de eerste steek over, begin in de tweede steek, haak 35 v op de ketting lossen, haak 2 v op het haarstuk) doe dit 21 keer.
Hecht af en verberg de eindjes garen.

Werk verder aan de derde laag van de kruin. Haal een lus lichtgroen garen naar boven in de eerste voorste lus van R 3 (afbeelding 11).
R 1: (haak 26 l, sla de eerste steek over, begin in de tweede steek, haak 25 v op de ketting lossen, haak 1 hv in de volgende steek op het haarstuk) doe dit 11 keer.
Hecht af en verberg het eindje garen. Naai de kruin op het hoofdje.

BLADEREN (maak 6 stuks, 4 in lichtgroen en 2 in donkergroen garen)
Haak 6 l. We werken aan beide zijden van de ketting lossen.
R 1: sla de eerste steek over, begin in de tweede steek, haak 1 v, 1 hst, 1 st, 1 hst, haak 3 st in de volgende steek. We gaan verder aan de andere zijde van de ketting lossen (afbeelding 12), haak 1 hst, 1 st, 1 hst, 1 v, haak 1 hv in de eerste steek (afbeelding 13) [12]
Hecht af en laat een lang stuk garen hangen. Naai 2 lichtgroene blaadjes en 1 donkergroen blaadje aan de uiteindes van Livia's takken.

DE FAUN

DOOR AIRALI DESIGN (ILARIA CALIRI)

Silvian is een jonge faun die graag door het woud loopt. Hij kan met alle vogels meezingen en als hij op zijn panfluit speelt, lijkt het alsof de wind zachtjes door het struikgewas ruist. Iedereen in Silvians familie is half mens en half geit, en ze staan erom bekend overal een feestje te kunnen bouwen.

Moeilijkheidsgraad: ★★
Grootte: 23 cm (gehaakt met een haaknaald van 3 mm)

Amigurumi-galerij: Scan of bezoek www.amigurumipatterns.net/3203 om foto's te delen of inspiratie te vinden!

MATERIAAL:
(4) garen in
- beige
- geel
- bruin
- blauw

Bouclé of pluizig garen
- lichtbruin

3 mm haaknaald
Veiligheidsoogjes (9 mm)
Zwart vilt (voor de mond)
Zwart borduurgaren
Stopnaald
Scherpe naald voor het vilt
Spelden
Markeerringen
Fiberfill

HOOFDJE (in beige garen)
R 1: haak een magische ring met 6 v [6]
R 2: haak 2 v in elke v [12]
R 3: haak 2 v in elke 2e v [18]
R 4: haak 2 v in elke 3e v [24]
R 5: haak 2 v in elke 4e v [30]
R 6: haak 2 v in elke 5e v [36]
R 7: haak 2 v in elke 6e v [42]
R 8: haak 2 v in elke 7e v [48]
R 9: haak 2 v in elke 8e v [54]
R 10 t/m 18: haak 54 v [54]
R 19: haak elke 8e en 9e v samen [48]
R 20: haak elke 7e en 8e v samen [42]
R 21: haak elke 6e en 7e v samen [36]
Plaats de veiligheidsoogjes tussen R 15 en 16, met 14 steken tussen beide.
R 22: haak elke 5e en 6e v samen [30]
R 23: haak elke 4e en 5e v samen [24]
Hecht af en verberg het eindje garen. Vul het hoofdje op met fiberfill.

OOR (maak 2 stuks, in beige garen)
R 1: haak een magische ring met 6 v [6]
R 2: haak 2 v in elke v [12]
R 3: haak 2 v in elke 2e v [18]
R 4: haak 2 v in elke 3e v [24]
R 5: haak 2 v in elke 4e v [30]
Hecht af en laat een lang stuk garen hangen. Vouw het oor in een kegelvorm en naai het vast met een paar steekjes (afbeeldingen 1-2).

HOORN (maak 2 stuks, in geel garen)
Haak de hoorn enkel in de achterste lus.
R 1: haak een magische ring met 4 v [4]
R 2: haak 2 v in v 1 [5]
R 3: haak 2 v in v 1 [6]
R 4: haak 2 v in v 1 [7]
R 5: haak 2 v in v 1 [8]
R 6: haak 2 v in v 1, 2 [10]
R 7: haak 2 v in v 1 [11]
R 8: haak 2 v in v 1 [12]
R 9: haak 2 v in v 1, 2 [14]
R 10: haak 2 v in v 1 [15]
R 11: haak 2 v in v 1 [16]
R 12: haak 2 v in v 1, 2 [18]
R 13: haak 18 v [18]
Hecht af en laat een lang stuk garen hangen. Vul de hoorn op met fiberfill. Neem het overblijvende stukje garen op je stopnaald en haal het door de hoorn tot aan de eerste ronde. Trek het eindje garen aan om de hoorn te krullen (afbeeldingen 3-5).

HAAR (in bouclé of pluizig garen)
Noot: Afhankelijk van je garenkeuze gebruik je een grotere of kleinere haaknaald.
Haak 9 l. Haak in rijen.
Rij 1: sla de eerste losse over, begin in de tweede losse, haak 8 v, haak 1 keerlosse, draai je haakwerk om [8]

1
2
3
4
5
6
7
8
9
10
11
12
13
14
15
16

Rij 2: haak v in alle steken, haak 1 keerlosse, draai je haakwerk om [8]
Rij 3: sla 1 steek over, haak v tot het einde van de rij, draai je haakwerk om [7]
Herhaal Rijen 2 en 3 nog 5 keer, tot je 2 steken over hebt. Hecht af en laat een lang stuk garen hangen. Het haar bedekt het hoofd van de achterkant van de nek tot R 10 van het voorhoofd. Als het haarstukje groter of kleiner uitvalt (door je garenkeuze), begin dan met een kortere of langere ketting lossen.

ARM (maak 2 stuks, in beige garen)
R 1: haak een magische ring met 6 v [6]
R 2: haak 2 v in elke v [12]
R 3 t/m 8: haak 12 v [12]
Vul de arm tot hier op met fiberfill.
R 9: haak v 1&2, 7&8 samen [10]
R 10 t/m 16: haak 10 v [10]
Hecht af en verberg het eindje garen.

BEEN (maak 2 stuks, begin in bruin garen)
R 1: haak een magische ring met 5 v [5]
R 2: haak 2 v in elke v [10]
R 3: haak 2 v in elke 2e v [15]
R 4: haak deze ronde enkel in de achterste lus, haak 15 v [15]
R 5: haak 15 v [15]
Wissel naar beige garen.
R 6: haak 15 v [15]
R 7 t/m 10: haak deze ronde enkel in de achterste lus, haak 15 v [15]
Vul het been op met fiberfill. Hecht het eerste been af en verberg het eindje garen. Hecht het tweede been niet af. Werk verder aan het lijfje.

LIJFJE (in beige garen)
Haak verder vanaf het tweede been. Haak alle steken tot en met R 20 enkel in de achterste lus.
R 11: haak 6 l, haak 15 v op het eerste been, haak 6 v in de lossen, haak 15 v op het tweede been, haak 6 v in de andere zijde van de ketting lossen [42] (afbeeldingen 6-9)
R 12: haak 2 v in elke 7e v [48]
R 13 t/m 14: haak 48 v [48]
R 15: haak 2 v in elke 8e v [54]
R 16 t/m 20: haak 54 v [54]
Haak verder in beide lussen.
R 21 t/m 24: haak 54 v [54]
R 25: haak elke 8e en 9e v samen [48]
R 26: haak 48 v [48]
R 27: haak elke 7e en 8e v samen [42]
R 28 t/m 29: haak 42 v [42]
Verwijder de lus beige garen van je haaknaald, maar hecht niet af. We nemen deze lus later terug op onze haaknaald om R 30 te haken.
Neem bouclé of pluizig garen en haak hv in alle overblijvende voorste lussen van de benen en het lijfje (afbeelding 10). Hecht af en verberg het eindje garen.
Plaats de lus beige garen opnieuw op je haaknaald en werk verder aan R 30. In de volgende ronde verbinden we de armen met het lijfje. Gebruik 4 markeerringen om een plek op beide zijden van het lijfje te markeren: tel 4 steken vanaf je markeerring en markeer de volgende steek, tel 3 steken en markeer de volgende steek, tel 16 steken en markeer de volgende steek, tel 3 steken en markeer de volgende steek (afbeelding 11). Kijk of de gemarkeerde stukken correct uitgelijnd zijn (hier komen de armen) en verplaats je markeerringen indien nodig.
R 30: haak v tot aan de eerste markeerring (afbeelding 12), verwijder de markeerring, houd de arm tegen het lijfje (afbeelding 13) en haak 5 v door de arm en het lijfje (afbeelding 14), haak 16 v op het lijfje, houd de tweede arm tegen het lijfje en haak 5 v door de arm en het lijfje, haak v tot het einde van de ronde (ongeveer

17

18

19

20

12 steken) [42]
R 31: haak v in alle steken van het lijfje en in de overblijvende steken van de armen [42] (afbeeldingen 15-16)
R 32: haak 42 v [42]
R 33: haak elke 6e en 7e v samen [36]
R 34: haak elke 5e en 6e v samen [30]
R 35: haak elke 4e en 5e v samen [24]
Hecht af en laat een lang stuk garen hangen. Vul de benen, het lijfje en de armen op met fiberfill. Borduur de navel over 1 steek op R 22 van het lijfje: breng de stopnaald heen en weer tot je een bolletje krijgt (afbeelding 17).

PANFLUIT (in blauw garen)

Lange pijp
R 1: haak een magische ring met 8 v [8]
R 2 t/m 8: haak 8 v [8]
Hecht af en verberg het eindje garen.

Medium pijp
R 1: haak een magische ring met 8 v [8]
R 2 t/m 7: haak 8 v [8]
Hecht af en verberg het eindje garen.

Korte pijp
R 1: haak een magische ring met 8 v [8]
R 2 t/m 6: haak 8 v [8]
Hecht af en verberg het eindje garen.

21

22

23

24

Touwtje

Haak 20 l. Hecht af en laat een lang stuk garen hangen. Neem het eindje garen op je stopnaald en haal het door de pijpen om ze samen te houden (afbeelding 18). Wikkel het touwtje rond de pijpen en naai het vast (afbeelding 19).

STAART (in bouclé of pluizig garen)

R 1: haak een magische ring met 8 v [8]
Hecht af en laat een stuk garen hangen.

AFWERKING

- Speld de hoorns en de oren op het hoofdje voor je ze vastnaait. De hoorns komen tussen R 5 en 9 van het hoofdje, en de oren komen net voor de hoorns, met de naad naar beneden gericht (afbeelding 20). Naai ze vast.
- Knip een kleine ovaal uit het zwarte vilt en naai het tussen de ogen, op R 17 en 18 (afbeelding 21).
- Naai het haar van de achterkant van de nek tot R 10 van het voorhoofd (afbeeldingen 22-23).
- Naai het hoofdje op het lijfje (afbeelding 24).
- Naai de staart aan de achterkant van het lijfje.
- Naai de panfluit aan de handjes.

Willow

DE WOLPERTINGER

DOOR LITTLEAQUAGIRL

Je kan de kleine, vrolijke Willow terugvinden in de alpenweiden van Beieren. 's Winters maakt ze er sneeuwengelen en 's zomers plukt ze edelweiss om er bloemenkransen van te maken. Welk seizoen het ook is, ze zingt steeds uit volle borst de liedjes uit haar lievelingsfilm *The Sound of Music*. Zou ze ooit haar Kapitein Konijn tegenkomen? De schapenwolkjes in de blauwe lucht doen haar alvast wegdromen.

Moeilijkheidsgraad: ★★
Grootte: 18 cm (gehaakt met een haaknaald van 2,5 mm)

Amigurumi-galerij: Scan of bezoek www.amigurumipatterns.net/3204 om foto's te delen of inspiratie te vinden!

MATERIAAL:

1 garen in
- grijs
- wit
- beige
- lichtroze
- donkerroze
- lichtblauw (restje)
- donkerblauw (restje)
- geel (restje)

2,5 mm haaknaald
Veiligheidsoogjes (6 mm)
Roze en zwart borduurgaren
Optioneel: pomponmaker (35 mm)
Stopnaald
Markeerringen
Fiberfill

HOOFDJE (begin in wit garen)

R 1: haak een magische ring met 6 v [6]
R 2: haak 2 v in elke v [12]
R 3: haak 2 v in elke 3e v [16]
R 4: haak 2 v in elke 4e v [20]
R 5: haak 2 v in elke 5e v [24]
R 6: haak 2 v in elke 4e v [30]
R 7: haak 30 v [30]
R 8: haak 2 v in elke 5e v [36]
Wissel naar grijs garen.
R 9: haak 36 v [36]
Markeer de 18e en 19e steek van R 9, deze duiden het midden van het hoofdje (aan de bovenkant) aan.
R 10: haak 2 v in elke 6e v [42]
R 11: haak 42 v [42]
R 12: haak 2 v in elke 7e v [48]
R 13: haak 48 v [48]
R 14: haak 2 v in elke 8e v [54]
R 15: haak 2 v in elke 6e v [63]
Borduur de neus op R 1-3 met roze garen (gebruik de gemarkeerde steken in R 9 als gids). De onderkant van de neus gaat door de magische ring en de bovenkant van de neus is 4 steken breed (afbeelding 1).
R 16 t/m 23: haak 63 v [63]
R 24: haak elke 20e en 21e v samen [60]
R 25: haak elke 9e en 10e v samen [54]
R 26: haak elke 8e en 9e v samen [48]
R 27: haak elke 7e en 8e v samen [42]
Vul het hoofdje stevig op met fiberfill en blijf vullen naarmate je verder haakt. Plaats de veiligheidsoogjes tussen R 12 en 13 van het hoofdje, met 19 steken tussen beide. De gemarkeerde steken in R 9 komen in het midden (afbeelding 2). Borduur 3 wimpers voor elk oog met zwart borduurgaren voor je de oogjes vastklikt (afbeelding 3).
R 28: haak elke 6e en 7e v samen [36]
R 29: haak elke 5e en 6e v samen [30]
R 30: haak elke 4e en 5e v samen [24]
R 31: haak 24 v [24]

1

2

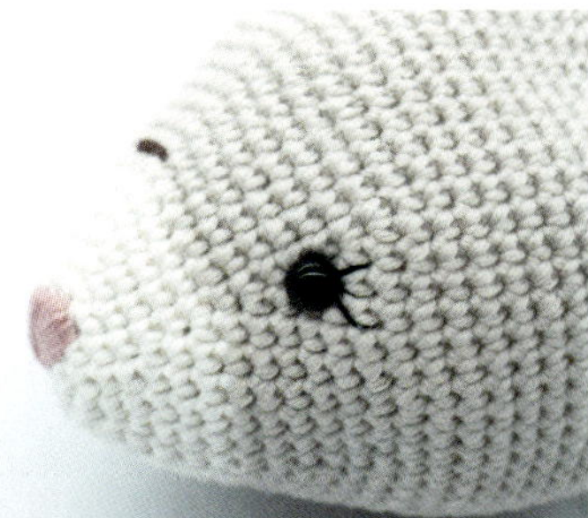
3

R 32: haak elke 3e en 4e v samen [18]
R 33: haak elke 2e en 3e v samen [12]
R 34: haak alle vasten twee per twee samen [6]
Haak een hv in de volgende steek. Hecht af en laat een stuk garen hangen. Neem het overblijvende stukje garen op je stopnaald. Haal het garen door de overblijvende steken en trek het aan om het laatste gaatje te sluiten. Verberg het eindje garen.

LIJFJE (in grijs garen)
R 1: haak een magische ring met 6 v [6]
R 2: haak 2 v in elke v [12]
R 3: haak 2 v in elke 2e v [18]
R 4: haak 2 v in elke 3e v [24]
R 5: haak 2 v in elke 4e v [30]
R 6: haak 2 v in elke 5e v [36]
R 7: haak 2 v in elke 6e v [42]
R 8: haak 2 v in elke 7e v [48]
R 9: haak 2 v in elke 8e v [54]
R 10: haak 2 v in elke 9e v [60]
R 11 t/m 16: haak 60 v [60]
R 17: haak elke 9e en 10e v samen [54]
R 18: haak 54 v [54]
R 19: haak elke 8e en 9e v samen [48]
R 20: haak 48 v [48]
R 21: haak elke 15e en 16e v samen [45]
R 22: haak elke 14e en 15e v samen [42]
R 23: haak elke 13e en 14e v samen [39]
Vul het lijfje stevig op met fiberfill en blijf vullen naarmate je verder haakt.
R 24: haak elke 12e en 13e v samen [36]
R 25: haak elke 11e en 12e v samen [33]
R 26: haak elke 10e en 11e v samen [30]
R 27: haak elke 9e en 10e v samen [27]
R 28: haak elke 8e en 9e v samen [24]
R 29: haak elke 7e en 8e v samen [21]
Haak een hv in de volgende steek. Hecht af en laat een lang stuk garen hangen.

OOR (maak 2 stuks, in grijs garen)
R 1: haak een magische ring met 6 v [6]
R 2: haak 2 v in elke 2e v [9]
R 3: haak 2 v in elke 3e v [12]
R 4: haak 12 v [12]
R 5: haak 2 v in elke 4e v [15]
R 6: haak 15 v [15]
R 7: haak 2 v in elke 5e v [18]
R 8: haak 2 v in elke 3e v [24]
R 9: haak 2 v in elke 4e v [30]
R 10 t/m 12: haak 30 v [30]
R 13: haak elke 4e en 5e v samen [24]
R 14: haak elke 7e en 8e v samen [21]
R 15: haak elke 6e en 7e v samen [18]
R 16 t/m 21: haak 18 v [18]

R 22: haak elke 5e en 6e v samen [15]
R 23 t/m 29: haak 15 v [15]
Het oor hoeft niet opgevuld te worden. Vouw het oor dicht en haak de volgende ronde door beide zijden om de opening te sluiten.
R 30: haak 7 v [7]
Hecht af en laat een lang stuk garen hangen.

ARM (maak 2 stuks, begin in wit garen)
R 1: haak een magische ring met 6 v [6]
R 2: haak 2 v in elke 2e v [9]
R 3: haak 2 v in elke 3e v [12]
R 4: haak 2 v in elke 3e v [16]
R 5: haak 16 v [16]
R 6: haak v 1&2, 3&4, 13&14, 15&16 samen [12]
R 7: haak v 1&2, 11&12 samen [10]
Vul de hand stevig op met fiberfill. Blijf vullen naarmate je verder haakt, maar doe dit slechts lichtjes. Wissel naar grijs garen.
R 8 t/m 17: haak 10 v [10]
R 18: haak 5 v [5] Maak deze ronde niet verder af. Vouw de arm dicht en haak de volgende ronde door beide zijden om de opening te sluiten.
R 19: haak 5 v [5]
Hecht af en laat een lang stuk garen hangen.

GROTE TAK VAN HET GEWEI (maak 2 stuks, in beige garen)
R 1: haak een magische ring met 6 v [6]
R 2: haak 2 v in elke v [12]
R 3: haak 2 v in elke 2e v [18]
R 4: haak 2 v in elke 9e v [20]
R 5 t/m 7: haak 20 v [20]
R 8: haak v 9&10, 11&12 samen [18]
Markeer de 2 minderingen in R 8, deze duiden het midden van de grote tak (aan de bovenkant) aan.
R 9: haak v 8&9, 10&11 samen [16]
R 10: haak v 7&8, 9&10 samen [14]
Vul de grote tak stevig op met fiberfill en blijf vullen naarmate je verder haakt.
R 11: haak v 6&7, 8&9 samen [12]
R 12: haak v 6&7 samen [11]
R 13 t/m 19: haak 11 v [11]
Haak een hv in de volgende steek. Hecht af en laat een lang stuk garen hangen.

KLEINE TAK VAN HET GEWEI (maak 4 stuks, in beige garen)
R 1: haak een magische ring met 6 v [6]
R 2: haak 2 v in elke 3e v [8]
R 3 t/m 4: haak 8 v [8]
Haak een hv in de volgende steek. Hecht af en laat een lang stuk garen hangen. Vul de kleine tak stevig op met fiberfill.

POOT (maak 2 stuks, begin in lichtroze garen)
Haak 11 l. We werken aan beide zijden van de ketting lossen.
R 1: sla de eerste steek over, begin in de tweede steek, haak 9 v, haak 3 v in de volgende steek. We gaan verder aan de andere zijde van de ketting lossen, haak 8 v, haak 2 v in de volgende steek [22]
R 2: haak 2 v in de volgende steek, haak 8 v, haak 2 v in de volgende 3 steken, haak 8 v, haak 2 v in de volgende 2 steken [28]
Wissel naar wit garen.
R 3: haak 1 v, haak 2 v in de volgende steek, haak 6 v, haak 3 hst, (haak 2 hst in de volgende steek, haak 1 hst) doe dit 3 keer, haak 2 hst, haak 5 v, (haak 1 v, haak 2 v in de volgende steek) doe dit 2 keer [34]
R 4: haak 34 v [34]
Wissel naar grijs garen.
R 5 t/m 6: haak 34 v [34]
R 7: haak v 10&11, 12&13, 14&15, 16&17, 18&19, 20&21, 22&23, 24&25 samen [26]
Markeer de 13e en 14e steek van R 7, deze duiden het midden van het been (aan de bovenkant) aan.
R 8: haak v 8&9, 10&11, 12&13, 14&15, 16&17, 18&19 samen [20]
R 9: haak v 5&6, 7&8, 9&10, 11&12, 13&14, 15&16 samen [14]
R 10 t/m 12: haak 14 v [14]
Vul het been stevig op met fiberfill en blijf vullen naarmate je verder haakt.
R 13: haak 2 v in v 7, 9 [16]
R 14: haak 2 v in v 9, 10 [18]
R 15: haak 2 v in v 10, 11 [20]
R 16: haak 2 v in v 9, 11, 13, 15 [24]
R 17 t/m 19: haak 24 v [24]
R 20: haak elke 7e en 8e v samen [21]
R 21: haak elke 6e en 7e v samen [18]
R 22: haak elke 2e en 3e v samen [12]
R 23: haak alle vasten twee per twee samen [6]
Haak een hv in de volgende steek. Hecht af en laat een stuk garen hangen. Neem het overblijvende stukje garen op je stopnaald. Haal het garen door de overblijvende steken en trek het aan om het laatste gaatje te sluiten. Hecht af en breng het eindje garen naar buiten tussen R 16 en 17, aan de binnenkant van de poot.

VLEUGEL (maak 2 stuks)

Vleugelbasis (begin in donkerroze garen)
Laat een lang stuk garen aan het begin hangen.
R 1: haak een magische ring met 6 v [6]
R 2: haak 2 v in elke 2e v [9]

4 5 6 7

R 3: haak 2 v in elke 3e v [12]
R 4: haak 2 v in elke 4e v [15]
R 5: haak 2 v in elke 5e v [18]
R 6: haak 2 v in elke 6e v [21]
Breng het eindje garen aan het begin van binnen naar buiten door de magische ring. De vleugelbasis hoeft niet opgevuld te worden. Haak verder in rijen. Vouw de vleugel dicht en haak de volgende rij door beide zijden om de opening te sluiten.
Rij 7: haak 10 v, haak 1 keerlosse, draai je haakwerk om [10]
Wissel naar lichtroze garen.
Rij 8: sla de eerste steek over, begin in de tweede steek, haak de volgende steken enkel in de voorste lus, haak 10 v, haak 1 keerlosse, draai je haakwerk om [10]
Je hebt nu 1 rij onbewerkte lusjes: hier komen later de veren. Wissel naar wit garen.
Rij 9: sla de eerste steek over, begin in de tweede steek, haak deze ronde enkel in de achterste lus, haak 10 v, haak 1 keerlosse, draai je haakwerk om [10]
Rij 10: sla de eerste steek over, begin in de tweede steek, haak de volgende steken enkel in de voorste lus, haak 10 v [10]
Hecht af en verberg de eindjes garen (behalve het donkerroze eindje garen aan het begin en het witte eindje garen aan het einde). Verberg de eindjes garen zodat je ze niet kan zien als je de vleugels aan het lijfje naait (afbeelding 4).

Onderste veren (in wit garen)
Haak in rijen. Houd de vleugelbasis met de magische ring naar je toe en de open lussen van Rijen 8-10 naar boven gericht. Haal een lus wit garen naar boven in de eerste voorste lus van Rij 10, helemaal rechts op de vleugelbasis.
Rij 1: (haak 16 l (afbeelding 5), sla 2 l over, haak 14 hst op de ketting lossen, haak 1 hv in de volgende 2 steken) doe dit 4 keer, haak 16 l, sla 2 l over, haak 14 hst, haak 1 hv in de volgende steek. Hecht af en verberg de eindjes garen.

Middelste veren (in lichtroze garen)
Haak in rijen. Houd de vleugelbasis met de magische ring naar je toe en de open lussen van Rijen 8-10 naar boven gericht. Haal een lus lichtroze garen naar boven in de eerste voorste lus van Rij 9, helemaal rechts op de vleugelbasis (afbeelding 6).
Rij 1: haak 10 l, sla 2 l over, haak 8 hst op de ketting lossen, haak 1 hv in de volgende 2 steken, (haak 12 l, sla 2 l over, haak 10 hst op de ketting lossen, haak 1 hv in de volgende 2 steken) doe dit 3 keer, haak 10 l, sla 2 l over, haak 8 hst op de ketting lossen, haak 1 hv in de volgende steek.
Hecht af en verberg de eindjes garen.

Bovenste veren (in donkerroze garen)
Haak in rijen. Houd de vleugelbasis met de magische

8 9 10 11 12 13 14 15 16 17 18 19

ring naar je toe en de open lussen van Rijen 8-10 naar boven gericht. Haal een lus donkerroze garen naar boven in de eerste voorste lus van Rij 8, helemaal rechts op de vleugelbasis (afbeelding 7).

Rij 1: haak 1 v in dezelfde lus waarin je het garen verbond, (haak 5 st in de volgende steek, sla de volgende steek over, haak 1 v in de volgende steek) doe dit 3 keer.

Hecht af en verberg de eindjes garen.

Naai de witte flap op de achterkant van de vleugel aan de onderste veren met het witte eindje garen van de vleugelbasis (afbeelding 8).

BUIKJE (in wit garen)

R 1: haak een magische ring met 6 v [6]
R 2: haak 2 v in elke v [12]
R 3: haak 2 v in elke 2e v [18]
R 4: haak 2 v in elke 3e v [24]
R 5: haak 2 v in elke 4e v [30]
R 6: haak 2 v in elke 5e v [36]

Haak een hv in de volgende steek. Hecht af en laat een lang stuk garen hangen.

BLOEM (maak 5 stuks, begin in geel garen)

R 1: haak een magische ring met 6 v [6]

Wissel naar de tweede kleur voor de bloemblaadjes. Maak 2 bloemen in donkerroze garen, 2 bloemen in lichtblauw garen en 1 bloem in donkerblauw garen.

R 2: haak 1 hv in de eerste steek, (haak 2 l, haak 5 st in dezelfde steek als de vorige hv, verwijder de haaknaald en plaats hem in het eerste st (afbeelding 9), trek de lus van het vijfde st door de lus op je haaknaald (afbeeldingen 10-11), haak een hv in de volgende steek (afbeelding 12)) doe dit 6 keer.

Hecht af en laat een lang stuk garen hangen. Verberg de gele eindjes garen.

AFWERKING

- Positioneer het hoofdje op het lijfje. Je kan het hoofd een beetje scheef zetten om Willow een nog schattigere look te geven. Speld en naai de opening van het lijfje op R 17 tot 23 van het hoofdje (afbeelding 13).
- Naai de oren aan het hoofdje. De onderkant van de oren komt op R 18 tot 24 van het hoofdje. Tussen de voorste hoeken tel je op R 18-19 ongeveer 20 steken (afbeelding 14).
- Naai 2 kleine takken aan elke grote tak van het gewei. Gebruik de gemarkeerde steken in R 8 als gids. Naai de bovenste kleine tak op R 13 tot 15, en de onderste kleine tak op R 9 tot 11.
- Naai de grote takken van het gewei op het hoofdje. De onderkant komt op R 19 tot 22 van het hoofdje, net boven de oren (afbeelding 15).
- Naai de armen aan het lijfje. De bovenkant van elke arm komt tussen R 28-29 van het lijfje. Tussen de voorste hoeken tel je 8 steken.
- Speld de benen aan het lijfje om zeker te zijn dat je wolpertinger gebalanceerd zit. Gebruik de gemarkeerde steken van R 7 als gids. Het breedste deel van de dij komt op R 8 en 14 van het lijfje. De achterkant van het been ligt op één lijn met de achterste hoek van de arm (afbeelding 16). Naai enkel rond de binnenkant van de dij (zoals aangeduid door de stippellijn in afbeelding 16), zodat de steekjes niet zichtbaar zijn aan de buitenkant.
- Naai het buikje op R 13 tot 24 van het lijfje, tussen de armen en de benen.
- Block of span de vleugels op indien nodig. Naai de magische ring van elke vleugel tussen R 22-23, met 1 steek tussen beide (afbeelding 17). Naai langs de onderkant van de vleugel (zoals aangeduid door de stippellijn in afbeelding 18). Naai langs de onderkant van de bovenste veren, door de vleugel en het lijfje (zoals aangeduid door de pijl in afbeelding 18).
- Naai de bloemen op het hoofdje, voor het gewei (afbeelding 19).
- Maak een 35 mm pompon met wit garen en naai hem op de rug, tussen R 10 en 11.

Lizzie

DE EENHOORN

DOOR DIY FLUFFIES

Lizzie is een bevlogen leerkracht in de Betoverende Bosschool. Haar werk brengt haar veel voldoening, maar ook de nodige drukte. In haar vrije tijd gaat ze daarom vaak op regenbogenjacht. Telkens als ze ergens een regenboog ziet verschijnen, komt Lizzie snel aandraven. Als ze de kleurenpracht doorheen het wolkendek ziet breken, fleurt ze helemaal op, en krijgen haar manen alle kleuren ... van de regenboog!

Moeilijkheidsgraad: ★★(★)
Grootte: 26 cm (gehaakt met een haaknaald van 2,5 mm)

Amigurumi-galerij: Scan of bezoek www.amigurumipatterns.net/3206 om foto's te delen of inspiratie te vinden!

MATERIAAL:

(2) garen in
- wit
- roze
- donkerroze
- geel
- blauw
- groen
- paars
- grijs

Veiligheidsoogjes (11 mm)
2,5 mm haaknaald
Stopnaald
Spelden
Markeerringen
Fiberfill

HOOFDJE (in wit garen)

R 1: haak een magische ring met 6 v [6]
R 2: haak 2 v in elke v [12]
R 3: haak 2 v in elke 2e v [18]
R 4: haak 2 v in elke 3e v [24]
R 5: haak 2 v in elke 4e v [30]
R 6: haak 2 v in elke 5e v [36]
R 7 t/m 11: haak 36 v [36]
R 12: haak 2 v in v 24, 27, 29, 31, 33, 36 [42]
R 13: haak 42 v [42]
R 14: haak 2 v in elke 7e v [48] Markeer de 28e en 45e steek van deze ronde met markeerringen. Hier komen later de veiligheidsoogjes.
R 15: haak 2 v in v 29, 33, 36, 40, 43, 47 [54]
R 16: haak 54 v [54]
R 17: haak 2 v in elke 9e v [60]
R 18 t/m 25: haak 60 v [60]
R 26: haak elke 9e en 10e v samen [54]
Plaats de veiligheidsoogjes tussen R 14 en 15, eentje tussen steken 28-29 en eentje tussen steken 45-46.
R 27: haak 54 v [54]
R 28: haak elke 8e en 9e v samen [48]
R 29: haak elke 7e en 8e v samen [42]
R 30: haak elke 6e en 7e v samen [36]
R 31: haak elke 5e en 6e v samen [30]
R 32: haak elke 4e en 5e v samen [24]
R 33: haak elke 3e en 4e v samen [18]
Vul het hoofdje op met fiberfill.
R 34: haak elke 2e en 3e v samen [12]
R 35: haak alle vasten twee per twee samen [6]
Hecht af en laat een eindje garen hangen. Neem het overblijvende stukje garen op je stopnaald. Haal het garen door de overblijvende steken en trek het aan om het laatste gaatje te sluiten. Verberg het eindje garen.

OOR (maak 2 stuks, in wit garen)

R 1: haak een magische ring met 4 v [4]
R 2: haak 2 v in elke 2e v [6]
R 3: haak 2 v in elke 3e v [8]
R 4: haak 2 v in elke 4e v [10]
R 5: haak 2 v in elke 5e v [12]
R 6: haak 2 v in elke 6e v [14]
R 7: haak 2 v in elke 7e v [16]
R 8 t/m 11: haak 16 v [16]
Hecht af en laat een lang stuk garen hangen.
Naai de oren op R 24-25 van het hoofdje, met 8 steken tussen beide.

NEUSGAT (maak 2 stuks, in roze garen)

R 1: haak een magische ring met 5 v (5)
Haak een hv in de volgende steek. Hecht af en laat een lang stuk garen hangen. Naai de neusgaten op R 4-5 van het hoofdje, met 3 steken tussen beide.

HOORN (in grijs garen)

R 1: haak een magische ring met 4 v [4]
R 2: haak 2 v in elke 2e v [6]

R 3: haak 6 v [6]
R 4: haak 2 v in elke 3e v [8]
R 5: haak 2 v in v 4 [9]
R 6: haak 2 v in v 9 [10]
R 7: haak 2 v in v 5 [11]
R 8: haak 2 v in v 11 [12]
R 9: haak 2 v in v 6 [13]
R 10: haak 2 v in v 13 [14]
R 11: haak 2 v in v 7 [15]
R 12: haak 15 v [15]
Haak een hv in de volgende steek. Hecht af en laat een lang stuk garen hangen. Vul de hoorn op met fiberfill en naai hem op het hoofdje, op R 16-20.

LIJFJE (in wit garen)
We maken eerst de voor- en achterpoten.

Achterpoot (maak 2 stuks, begin in donkerroze garen)
R 1: haak een magische ring met 8 v [8]
R 2: haak 2 v in elke v [16]
R 3: haak 2 v in elke 2e v [24]
R 4: haak deze ronde enkel in de achterste lus, haak 24 v [24]
R 5: haak 24 v [24]
Wissel naar wit garen.
R 6 t/m 10: haak 24 v [24]
R 11: haak elke 5e en 6e v samen [20]
R 12 t/m 17: haak 20 v [20]
R 18: haak 2 v in elke 5e v [24]
R 19: haak 24 v [24]
R 20: haak 2 v in v 2, 4, 7, 9 [28] Markeer de eerste steek van R 20 op beide poten, zo kan je later makkelijker steken tellen als je de poten aan elkaar hecht.
Haak een hv in de volgende steek. Hecht af en laat een eindje garen hangen.

Voorpoot (maak 2 stuks, begin in donkerroze garen)
R 1: haak een magische ring met 8 v [8]
R 2: haak 2 v in elke v [16]
R 3: haak 2 v in elke 2e v [24]
R 4: haak deze ronde enkel in de achterste lus, haak 24 v [24]
R 5: haak 24 v [24]
Wissel naar wit garen.
R 6 t/m 11: haak 24 v [24]
R 12: haak elke 5e en 6e v samen [20]
R 13 t/m 19: haak 20 v [20]
R 20: haak 2 v in elke 5e v [24]
R 21: haak 24 v [24] Markeer de 13e steek op elke voorpoot met een markeerring.
Hecht af op één voorpoot met een hv (maar laat een

lang stuk garen hangen). Hecht niet af op de tweede voorpoot. In de volgende ronde verbinden we de 4 poten met elkaar om het lijfje te maken.

Lijfje (in wit garen)

R 1: haak 7 l, haak verder in de 15e steek op de eerste achterpoot, haak 14 v, haak verder in de 15e steek op de tweede achterpoot, haak 14 v, haak 7 l, haak verder in de 13e steek van de eerste voorpoot, haak 12 v, haak 2 l, haak verder in de 13e steek van de tweede voorpoot, haak 12 v [68] Markeer de 35e steek van deze ronde met een markeerring. Dit helpt je later bij het haken van het buikje.

R 2: haak 68 v [68]

R 3: haak 2 v in v 1, 43 [70]

R 4: haak 2 v in v 2, 45 [72]

R 5 t/m 10: haak 72 v [72]

Verwijder de lus wit garen van je haaknaald, maar hecht niet af. We nemen deze lus later terug op onze haaknaald om R 11 te haken.

Buikje (in wit garen)

Haak het buikje met een nieuwe bol wit garen of het andere eindje van dezelfde bol. Haak in rijen (afbeelding 1).

Rij 1: begin in de 35e steek van R 1 van het lijfje, haak 7 v, haak 1 keerlosse, draai je haakwerk om [7]

Rij 2 t/m 5: haak 7 v, haak 1 keerlosse, draai je haakwerk om [7]

Rij 6: haak 7 v, haak 7 l, draai je haakwerk om [7]

Rij 7: sla de eerste steek over, begin in de tweede steek, haak 6 v op de lossen, haak 7 v, haak 1 keerlosse, draai je haakwerk om [13]

Rij 8: haak 13 v, haak 1 keerlosse, draai je haakwerk om [13]

Rij 9: haak 6 hv, haak 7 v, haak 1 keerlosse, draai je haakwerk om [13]

Rij 10 t/m 14: haak 7 v, haak 1 keerlosse, draai je haakwerk om [7]

Hecht af en verberg de eindjes garen (afbeelding 2). Naai steken 1-7 van de eerste achterpoot aan steken 8-14 van de tweede achterpoot. Naai de buik tussen de benen aan voor- en zijkant.

Werk verder op het lijfje.
R 11: haak v 9&10, 15&16, 21&22, 27&28, 33&34, 39&40 samen [66]
R 12: haak 66 v [66]
R 13: haak v 9&10, 14&15, 19&20, 24&25, 29&30, 34&35 samen [60]
R 14: haak v 38&39, 45&46, 52&53, 59&60 samen [56]
R 15: haak v 9&10, 13&14, 17&18, 21&22, 25&26, 29&30 samen [50]
R 16: haak v 9&10, 12&13, 15&16, 18&19, 21&22, 24&25 samen [44]
R 17: haak v 8&9, 10&11, 12&13, 14&15, 16&17 samen [39]
R 18: haak v 8&9, 10&11, 12&13 samen [36]
R 19: haak v 6&7, 8&9, 10&11 samen [33]
Vul de poten en het lijfje op met fiberfill.
R 20: haak v 4&5, 6&7, 8&9, 10&11 samen [29]
R 21: haak v 4&5, 6&7 samen [27]
R 22 t/m 24: haak 27 v [27]
R 25: haak 12 v, haak 14 hv, haak 1 v [13]
R 26: haak 1 v, haak 9 hst, haak 1 v, haak 1 hv [11]
Maak deze ronde niet verder af.
Hecht af en laat een lang stuk garen hangen. Naai het lijfje aan het hoofdje tussen R 16-26 en voeg indien nodig meer fiberfill toe aan de nek en het lijfje tijdens het naaien.

MANEN (in roze, donkerroze, geel, groen, blauw en paars garen)

Knip 10 haarlokken van 11 cm in donkerroze garen.
Knip 12 haarlokken van 38 cm in donkerroze, roze, geel, groen, blauw en paars garen.

- Begin met 10 korte haarlokken in donkerroze garen. Neem 2 haarlokken en vouw ze dubbel. Neem de gevouwen haarlokken op je stopnaald (afbeelding 3), haal een lus naar boven tussen R 22-23, op 3 steken van het oor en maak een knoopje (afbeeldingen 4-6). Naai naast deze haarlok nog 2 haarlokken. Je hebt nu 3 dubbele haarlokken op 3 steken van beide oren. Naai nog een dubbele haarlok tussen R 23-24, achter de eerste 3 (zie diagram pagina 49).
- Naai 2 lange donkerroze dubbele haarlokken tussen R 24-25. Doe hetzelfde tussen R 25-26 en 26-27.
- Naai 2 roze dubbele haarlokken tussen R 27-28. Doe hetzelfde tussen R 28-29 en 29-30.
- Naai 2 gele dubbele haarlokken tussen R 30-31. Doe hetzelfde tussen R 31-32 en 32-33.
- Naai 2 groene dubbele haarlokken tussen R 33-34. Doe hetzelfde tussen R 34-35 en in het midden van R 35.
- Naai 2 blauwe dubbele haarlokken tussen R 35-34. Doe hetzelfde tussen R 34-33 en 33-32.
- Naai 2 paarse dubbele haarlokken tussen R 32-31. Doe hetzelfde tussen R 31-30 en 30-29.

STAART (in roze, donkerroze, geel, groen, blauw en paars garen)

Knip 4 haarlokken van 22 cm in donkerroze, roze, geel, groen, blauw en paars garen.

- Begin met het donkerroze garen. Naai 2 dubbele haarlokken naast elkaar tussen R 13-14, in het midden van de rug (zie diagram pagina 49).
- Naai 2 gele dubbele haarlokken tussen R 12-13, op de linkerzijde, onder de donkerroze haarlokken.
- Naai 2 roze dubbele haarlokken op de rechterzijde.
- Naai 2 groene dubbele haarlokken tussen R 11-12, onder de gele haarlokken.
- Naai 2 blauwe dubbele haarlokken onder de roze haarlokken.
- Naai 2 paarse dubbele haarlokken tussen R 10-11.

STER (maak 2 stuks, in geel garen)

R 1: haak een magische ring met 5 v, haak 1 hv in de eerste steek (losjes) [5]

donkerroze	xxx	tussen R 22-23
donkerroze	x	tussen R 23-24
donkerroze	xx	tussen R 24-25
donkerroze	xx	tussen R 25-26
donkerroze	xx	tussen R 26-27
roze	xx	tussen R 27-28
roze	xx	tussen R 28-29
roze	xx	tussen R 29-30
geel	xx	tussen R 30-31
geel	xx	tussen R 31-32
geel	xx	tussen R 32-33
groen	xx	tussen R 33-34
groen	xx	tussen R 34-35
groen	xx	op R 35
blauw	xx	tussen R 35-34
blauw	xx	tussen R 34-33
blauw	xx	tussen R 33-32
paars	xx	tussen R 32-31
paars	xx	tussen R 31-30
paars	xx	tussen R 30-29
donkerroze	xx	tussen R 13-14
geel / roze	xxxx	links / rechts van R 12-13
groen / blauw	xxxx	links / rechts van R 11-12
paars	xx	tussen R 10-11

R 2: (haak 3 l, sla de eerste steek over, begin in de tweede steek, haak 1 hv in deze steek, haak 1 hst, haak 1 hv in de volgende steek van R 1) doe dit 5 keer. Maak de laatste hv in de eerste hv van R 1.
Naai de sterren op beide zijden van de rug, op R 8 tot 13, op 3 steken van de staart.

HET konijn OP DE maan

DOOR AIRALI DESIGN (ILARIA CALIRI)

Wist je dat er een konijn op de maan woont? Het is een nieuwsgierig klein konijntje dat ooit wilde weten wat er aan de donkere kant van de maan te zien was. Hij sprong en sprong, steeds hoger en hoger, en zo belandde hij pardoes op de maan. Nu huppelt hij er vrolijk rond, en als je bij een heldere hemel naar de maan wuift, zal hij met veel plezier terugwuiven.

Moeilijkheidsgraad: ★ / **Grootte:** maan (12 cm), zittend konijn (15 cm), slapend konijn (10 cm) (gehaakt met een haaknaald van 3 mm)

Amigurumi-galerij: Scan of bezoek www.amigurumipatterns.net/3207 om foto's te delen of inspiratie te vinden!

MATERIAAL:
(4) garen in
roze
blauw
3 mm haaknaald
Veiligheidsoogjes (6 mm)
Zwart borduurgaren
Stopnaald
Spelden
Markeerringen
Fiberfill

MAAN (in blauw garen)
R 1: haak een magische ring met 6 v [6]
R 2: haak 2 v in elke v [12]
R 3: haak 2 v in elke 2e v [18]
R 4: haak 2 v in elke 3e v [24]
R 5: haak 2 v in elke 4e v [30]
R 6: haak 2 v in elke 5e v [36]
R 7: haak 2 v in elke 6e v [42]
R 8: haak 2 v in elke 7e v [48]
R 9: haak 2 v in elke 8e v [54]
R 10: haak 2 v in elke 9e v [60]
R 11: haak 2 v in elke 10e v [66]
R 12: haak 2 v in elke 11e v [72]
R 13: haak 2 v in elke 12e v [78]
R 14 t/m 25: haak 78 v [78]
R 26: haak elke 12e en 13e v samen [72]
R 27: haak elke 11e en 12e v samen [66]
R 28: haak elke 10e en 11e v samen [60]
R 29: haak elke 9e en 10e v samen [54]
R 30: haak elke 8e en 9e v samen [48]
R 31: haak elke 7e en 8e v samen [42]
R 32: haak elke 6e en 7e v samen [36]
Plaats de veiligheidsoogjes tussen R 25 en 26, met 14 steken tussen beide.
R 33: haak elke 5e en 6e v samen [30]
R 34: haak elke 4e en 5e v samen [24]
Vul het hoofdje op met fiberfill en blijf vullen naarmate je verder haakt.
R 35: haak elke 3e en 4e v samen [18]
R 36: haak elke 2e en 3e v samen [12]
R 37: haak alle vasten twee per twee samen [6]
Hecht af en verberg de eindjes garen.

WANG (maak 2 stuks, in roze garen)
R 1: haak een magische ring met 6 v [6]
R 2: haak 2 v in elke v [12]
Hecht af en laat een lang stuk garen hangen. Naai de wangen onder de oogjes. Borduur met zwart borduur-

garen een V-vormige mond tussen de oogjes, op R 27 en 28. De mond is 3 steken breed.

KONIJN

OOR (maak 2 stuks, in roze garen)

R 1: haak een magische ring met 6 v [6]
R 2: haak 6 v [6]
R 3: haak 2 v in elke 3e v [8]
R 4: haak 8 v [8]
R 5: haak 2 v in elke 4e v [10]
R 6 t/m 11: haak 10 v [10]
R 12: haak elke 4e en 5e v samen [8]
R 13: haak 8 v [8]
Hecht af op het eerste oor. Hecht niet af op het tweede oor en werk verder aan het hoofdje. De oren hoeven niet opgevuld te worden.

HOOFDJE (in roze garen)

In de volgende ronde verbinden we beide oren.
R 14: haak 8 v op het eerste oor, steek je haaknaald in het tweede oor, haak 8 v op het tweede oor [16]
R 15: haak 2 v in elke 4e v [20]
R 16: haak 2 v in elke 5e v [24]
R 17: haak 24 v [24]
R 18: haak 2 v in elke 6e v [28]
R 19: haak 2 v in v elke 7e v [32]
R 20: haak 32 v [32]
R 21: haak 2 v in elke 8e v [36]
R 22 t/m 25: haak 36 v [36]
R 26: haak elke 5e en 6e v samen [30]
R 27: haak elke 4e en 5e v samen [24]
R 28: haak elke 3e en 4e v samen [18]
Als je een staand konijntje maakt, plaats dan de veiligheidsoogjes tussen R 23 en 24, met 9 steken tussen beide. Hecht af en laat een lang stuk garen hangen. Vul het hoofdje op met fiberfill. Als je een slapend konijntje maakt, haak dan nog 2 rondes verder.
R 29: haak elke 2e en 3e v samen [12]
R 30: haak alle vasten twee per twee samen [6]
Hecht af en verberg de eindjes garen.

LIJFJE (in roze garen)

R 1: haak een magische ring met 6 v [6]
R 2: haak 2 v in elke v [12]
R 3: haak 2 v in elke 2e v [18]
R 4: haak 2 v in elke 3e v [24]
R 5: haak 2 v in elke 4e v [30]

R 6: haak 2 v in elke 5e v [36]
R 7 t/m 11: haak 36 v [36]
R 12: haak v 2&3, 5&6, 8&9, 11&12, 14&15, 17&18 samen [30]
R 13 t/m 15: haak 30 v [30]
R 16: haak elke 4e en 5e v samen [24]
R 17: haak elke 3e en 4e v samen [18]
Hecht af en laat een lang stuk garen hangen. Vul het lijfje op met fiberfill.

ARM (maak 2 stuks, in roze garen)
R 1: haak een magische ring met 7 v [7]
R 2 t/m 7: haak 7 v [7]
Hecht af en laat een lang stuk garen hangen. Vul de arm slechts lichtjes op met fiberfill.

BEEN (maak 2 stuks, in roze garen)
R 1: haak een magische ring met 7 v [7]
R 2 t/m 4: haak 7 v [7]
Hecht af en laat een lang stuk garen hangen. De benen hoeven niet opgevuld te worden.

STAART (in roze garen)
Maak een kleine pompon van 35 mm diameter.

AFWERKING STAAND KONIJN

- Naai R 30 van het hoofdje aan R 17 van het lijfje. De bult is het achterwerk van het konijn.
- Borduur een Y-vormige neus tussen de ogen, op R 23 en 25, met zwart borduurgaren. De neus is 2 steken breed.
- Naai de armen aan het lijfje, recht onder de ogen (afbeelding 1).
- Naai de benen op R 5 en 6 van het lijfje, met vooraan 8 steken tussen beide (afbeelding 2).
- Naai de pompon op het achterste (afbeelding 3).

AFWERKING SLAPEND KONIJN

- Borduur de ogen en mond met zwart borduurgaren op het hoofdje (afbeelding 4).
- Positioneer het lijfje met de minderingen bovenaan en naai het hoofdje aan de laatste ronde van het lijfje. Positioneer het hoofdje lichtjes schuin, R 18-23 komen over de opening van het lijfje (afbeelding 5).
- Naai de armen aan de laatste ronde van het lijfje. Naai de benen op R 6 en 9 van het lijfje (afbeelding 6). Zorg dat ze ver genoeg uit elkaar staan zodat je konijntje kan liggen.
- Naai de pompon op het achterste.

Jack

DE MEERMAN

DOOR LIA ARJONO

Jack is een vriendelijke en behulpzame meerman. Hij gaat elke dag even langs bij zijn oudere buren voor een praatje, en hij helpt hen met hun boodschappen. Op een dag, toen hij terugkwam van een uitstapje naar de zeemarkt, zag hij een kleine kwal die met zijn tentakels vastzat in het zeewier. Jack bevrijdde het hulpeloze dier en sindsdien zijn ze de beste vrienden. Nu kunnen ze samen dubbel zo veel goede daden doen.

Moeilijkheidsgraad: ★★★★
Grootte: 19 cm (gehaakt met een haaknaald van 2,5 mm)

Amigurumi-galerij: Scan of bezoek www.amigurumipatterns.net/3208 om foto's te delen of inspiratie te vinden!

MATERIAAL:

(2) garen in
- crèmekleur
- geel
- blauw
- lichtblauw
- muntgroen
- lichtmuntgroen
- groen

Veiligheidsoogjes (8 mm)
Stopnaald
Spelden
Markeerringen
Fiberfill

HOOFDJE (in crèmekleurig garen)

R 1: haak een magische ring met 6 v [6]
R 2: haak 2 v in elke v [12]
R 3: haak 2 v in elke 2e v [18]
R 4: haak 2 v in elke 3e v [24]
R 5: haak 2 v in elke 4e v [30]
R 6: haak 2 v in elke 5e v [36]
R 7: haak 2 v in elke 6e v [42]
R 8: haak 2 v in elke 7e v [48]
R 9 t/m 13: haak 48 v [48]
R 14: haak 24 v (markeer de laatste steek, dit is het midden van het gezicht) haak 24 v [48]
R 15: haak 2 v in v 11, 17, 20, 24, 28, 31, 37, 48 [56]
R 16 t/m 18: haak 56 v [56]
Plaats de veiligheidsoogjes tussen R 14 en 15, met 8 steken tussen beide, op 4 steken aan elke kant van de markeerring.
R 19: haak v 6&7, 12&13, 18&19, 24&25, 32&33, 38&39, 44&45, 50&51 samen [48]
R 20: haak 48 v [48]
R 21: haak elke 7e en 8e v samen [42]
R 22: haak elke 6e en 7e v samen [36]
R 23: haak elke 5e en 6e v samen [30]
Vul het hoofdje op met fiberfill en blijf vullen naarmate je verder haakt.
R 24: haak elke 4e en 5e v samen [24]
R 25: haak elke 3e en 4e v samen [18]
R 26: haak elke 2e en 3e v samen [12]
R 27: haak alle vasten twee per twee samen [6]
Hecht af en laat een stuk garen hangen. Neem het overblijvende stukje garen op je stopnaald. Haal het garen door de overblijvende steken en trek het aan om het laatste gaatje te sluiten. Borduur de neus met crèmekleurig garen, tussen R 15 en 16 (2 steken breed). Verberg het eindje garen.

OOR (maak 2 stuks, in crèmekleurig garen)

R 1: haak een magische ring met 6 v [6]
R 2: haak 2 v in elke v [12]
R 3: haak 12 v [12]
R 4: haak elke 3e en 4e v samen [9]

Hecht af en laat een lang stuk garen hangen. Vouw de oren dicht, ze hoeven niet opgevuld te worden. Naai ze aan het hoofdje, tussen R 12 en 16, op 7 steken afstand van het oog.

HAAR (in geel garen)
Haak het haar binnenstebuiten, met de mooie zijden naar binnen gericht.
R 1: haak een magische ring met 6 v [6]
R 2: haak deze ronde enkel in de voorste lus, haak 2 v in elke v [12]

R 3: haak deze ronde enkel in de voorste lus, haak 2 v in elke 2e v [18]
Het haar bestaat uit 3 lagen.
Maak 25 haarlokken (laag 1). Haak ze strak. Het diagram (afbeelding 1) kan je hierbij helpen.
Haarlok 1: haak 17 l, draai je haakwerk om, sla de eerste steek over, begin in de tweede steek, haak 2 hv, haak 14 v, haak 1 hv in de volgende steek op R 3 [16]
Haarlok 2: haak 19 l, draai je haakwerk om, sla de eerste steek over, begin in de tweede steek, haak 2 hv, haak 16 v, haak 1 hv in de volgende steek op R 3 [18]
Haarlok 3: haak 19 l, draai je haakwerk om, sla de eerste steek over, begin in de tweede steek, haak 2 hv, haak 16 v, haak 1 hv in dezelfde steek op R 3 [18]
Haarlok 4: haak 19 l, draai je haakwerk om, sla de eerste steek over, begin in de tweede steek, haak 2 hv, haak 16 v, haak 1 hv in de volgende steek op R 3 [18]
Haarlok 5 t/m 13: herhaal haarlokken 2-4 nog 3 keer.
Haarlok 14: haak 19 l, draai je haakwerk om, sla de eerste steek over, begin in de tweede steek, haak 2 hv, haak 16 v, haak 1 hv in de volgende steek op R 3 [18]
Haarlok 15: haak 19 l, draai je haakwerk om, sla de eerste steek over, begin in de tweede steek, haak 2 hv, haak 16 v, haak 1 hv in dezelfde steek op R 3 [18]
Haarlok 16: haak 17 l, draai je haakwerk om, sla de eerste steek over, begin in de tweede steek, haak 2 hv, haak 14 v, haak 1 hv in de volgende steek op R 3 [16]
Haarlokken 17-25 vormen de pony.
Haarlok 17: haak 13 l, draai je haakwerk om, sla de eerste steek over, begin in de tweede steek, haak 2 hv, haak 10 v, haak 1 hv in de volgende steek op R 3 [12]
Haarlok 18: haak 11 l, draai je haakwerk om, sla de eerste steek over, begin in de tweede steek, haak 2 hv, haak 8 v, haak 1 hv in dezelfde steek op R 3 [10]
Haarlok 19: haak 11 l, draai je haakwerk om, sla de eerste steek over, begin in de tweede steek, haak 2 hv, haak 8 v, haak 1 hv in de volgende steek op R 3 [10]

Haarlok 20: haak 10 l, draai je haakwerk om, sla de eerste steek over, begin in de tweede steek, haak 2 hv, haak 7 v, haak 1 hv in de volgende steek op R 3 [9]
Haarlok 21: haak 9 l, draai je haakwerk om, sla de eerste steek over, begin in de tweede steek, haak 2 hv, haak 6 v, haak 1 hv in de volgende steek op R 3 [8]
Haarlok 22: haak 10 l, draai je haakwerk om, sla de eerste steek over, begin in de tweede steek, haak 2 hv, haak 7 v, haak 1 hv in de volgende steek op R 3 [9]
Haarlok 23 t/m 24: haak 11 l, draai je haakwerk om, sla de eerste steek over, begin in de tweede steek, haak 2 hv, haak 8 v, haak 1 hv in de volgende steek op R 3 [10]
Haarlok 25: haak 13 l, draai je haakwerk om, sla de eerste steek over, begin in de tweede steek, haak 2 hv, haak 10 v, haak 1 hv in dezelfde steek op R 3 [12]
Hecht af en laat een lang stuk garen hangen.

Haak de volgende ronde in de achterste lus van R 2. Haal een lus geel garen naar boven in de eerste steek en maak 12 haarlokken (laag 2) (afbeeldingen 2-3). Haak ze strak.
Haarlok 1: haak 19 l, draai je haakwerk om, sla de eerste steek over, begin in de tweede steek, haak 2 hv, haak 16 v, haak 1 hv in dezelfde steek op R 2 [18]
Haarlok 2 t/m 6: haak 20 l, draai je haakwerk om, sla de eerste steek over, begin in de tweede steek, haak 2 hv, haak 17 v, haak 1 hv in de volgende steek op R 2 [19]
Haarlok 7: haak 19 l, draai je haakwerk om, sla de eerste steek over, begin in de tweede steek, haak 2 hv, haak 16 v, haak 1 hv in de volgende steek op R 2 [18]
Haarlok 8: haak 17 l, draai je haakwerk om, sla de eerste steek over, begin in de tweede steek, haak 2 hv, haak 14 v, haak 1 hv in de volgende steek op R 2 [16]
Haarlokken 9-11 vormen de pony.
Haarlok 9 t/m 11: haak 11 l, draai je haakwerk om, sla de eerste steek over, begin in de tweede steek, haak 2 hv, haak 8 v, haak 1 hv in de volgende steek op R 2 [10]
Haarlok 12: haak 17 l, draai je haakwerk om, sla de eerste steek over, begin in de tweede steek, haak 2 hv, haak 14 v, haak 1 hv in de volgende steek op R 2 [16]

8

9

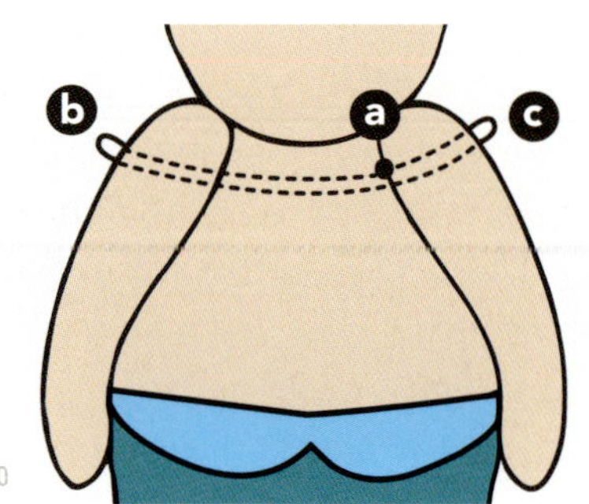

10

Hecht af en verberg het eindje garen.
Haak de volgende ronde in de achterste lus van R 1.
Haal een lus geel garen naar boven in de eerste steek en maak 6 haarlokken (laag 3) (afbeeldingen 4-5). Haak ze strak.

Haarlok 1: haak 21 l, draai je haakwerk om, sla de eerste steek over, begin in de tweede steek, haak 2 hv, haak 18 v, haak 1 hv in dezelfde steek op R 1 [20]

Haarlok 2 t/m 4: haak 21 l, draai je haakwerk om, sla de eerste steek over, begin in de tweede steek, haak 2 hv, haak 18 v, haak 1 hv in de volgende steek op R 1 [20]

Haarlokken 5 en 6 vormen de pony.

Haarlok 5 t/m 6: haak 11 l, draai je haakwerk om, sla de eerste steek over, begin in de tweede steek, haak 2 hv, haak 8 v, haak 1 hv in de volgende steek op R 1 [10]

Hecht af en verberg het eindje garen.

Naai het haar op het hoofdje:

- Speld elke haarlok van laag 1 op het hoofdje, tussen R 16 en 17. Positioneer ze zo dat de achterkant van het hoofdje bedekt is en haarlokken 17 en 25 voor elk oor vallen (afbeeldingen 6-7). Naai ze vast.
- Speld elke haarlok van lagen 2 en 3 op het hoofdje (afbeelding 8) en naai ze vast.
- Naai de bovenkant van de pony (laag 1) op het hoofdje, tussen R 4 en 5 (afbeelding 9).
- Leg de pony goed, de pony hoeft niet vastgenaaid te worden.

STAART EN LIJFJE (begin in blauw garen)

R 1: haak een magische ring met 8 v [8]
R 2: haak 8 v [8]
R 3: haak 2 v in elke 2e v [12]
R 4: haak 12 v [12]
R 5: haak 2 v in elke 4e v [15]
R 6: haak 15 v [15]
R 7: haak 2 v in elke 5e v [18]
R 8: haak 18 v [18]
R 9: haak 2 v in elke 6e v [21]
R 10: haak 21 v [21]
R 11: (haak 2 v, haak 2 v in de volgende steek) doe dit 4 keer, haak 1 v, haak de volgende 2 steken samen, (haak 2 v, haak 2 v in de volgende steek) doe dit 2 keer [26]
R 12: haak 3 v, haak 2 v in de volgende steek, haak 13 v, haak de volgende 2 steken samen, haak 7 v [26]
R 13: haak 4 v, haak 2 v in de volgende steek, haak 13 v, haak de volgende 2 steken samen, haak 6 v [26]
R 14: haak 5 v, haak 2 v in de volgende steek, haak 13 v, haak de volgende 2 steken samen, haak 5 v [26]
R 15: (haak 2 v, haak 2 v in de volgende steek) doe dit 2 keer, haak 3 v, haak 2 v in de volgende steek, (haak 2 v, haak 2 v in de volgende steek) doe dit 2 keer, haak 3 v, haak 2 v in de volgende steek, haak de volgende 2 steken samen, haak 3 v, haak 2 v in de volgende steek [32]
R 16: haak 8 v, haak 2 v in de volgende steek, haak 17 v, haak de volgende 2 steken samen, haak 4 v [32]
R 17: haak 9 v, haak 2 v in de volgende steek, haak 17 v,

haak de volgende 2 steken samen, haak 3 v [32]
R 18: haak 10 v, haak 2 v in de volgende steek, haak 17 v, haak de volgende 2 steken samen, haak 2 v [32]
R 19: haak 27 v, haak de volgende 3 steken samen, haak 2 v [30]
R 20: haak 30 v [30]
Wissel naar crèmekleurig garen.
R 21 t/m 22: haak 30 v [30]
Vul de staart en het lijfje op met fiberfill en blijf vullen naarmate je verder haakt.
R 23: haak v 13&14, 27&28 samen [28]
R 24 t/m 29: haak 28 v [28]
R 30: haak elke 6e en 7e v samen [24]
R 31: haak 24 v [24]
R 32: haak elke 3e en 4e v samen [18]
R 33: Haak 4 v. Maak deze ronde niet verder af.
Hecht af en laat een lang stuk garen hangen. Naai het lijfje aan het hoofdje, tussen R 25 en 26, met de gedraaide staart naar rechts.

ARM (maak 2 stuks, in crèmekleurig garen)
R 1: haak een magische ring met 6 v [6]
R 2: haak 2 v in elke v [12]
R 3 t/m 4: haak 12 v [12]
R 5 (linkerarm): haak een nop met 5 stokjes in de volgende steek, haak 11 v [12]
R 5 (rechterarm): haak 11 v, haak een nop met 5 stokjes in de volgende steek [12]
R 6: haak elke 3e en 4e v samen [9]
Vul de arm op met fiberfill en blijf vullen naarmate je verder haakt.
R 7 t/m 14: haak 9 v [9]
R 15: haak v 5&6 samen [8]
R 16: haak 8 v [8]
Hecht af en laat een lang stuk garen hangen. Neem het overblijvende stukje garen op je stopnaald. Haal het garen door de overblijvende steken en trek het aan om het laatste gaatje te sluiten. Verberg het eindje garen op de linkerarm. Breng het garen naar buiten op de rechterarm, twee rondes onder de bovenkant van de arm (a). Naai de armen aan het lijfje volgens de aanwijzingen op het diagram (afbeelding 10). Begin op (a), steek de naald door het lijfje, 3 rondes onder de nek, en breng hem weer naar boven aan de andere kant (3 rondes onder de nek). Ga door de linkerarm, 2 rondes onder de bovenkant van de arm, en kom weer naar buiten aan

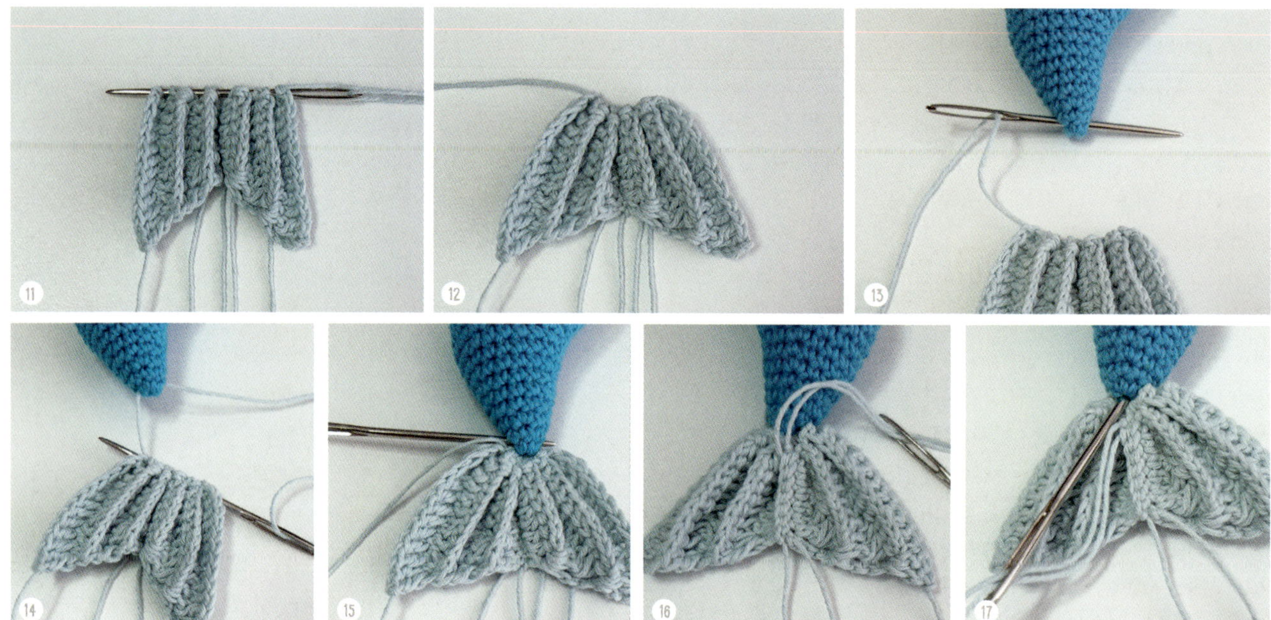

de andere kant. Steek de naald opnieuw door de arm en het lijfje. Als je terug op je beginpositie (a) bent, ga je door de rechterarm, breng je de naald naar boven aan de andere kant en breng je hem terug naar binnen door de arm. Maak een knoopje op (a) en verberg het eindje garen. Zorg ervoor dat het garen op punt (b) en (c) door dezelfde steek gaat, zo worden de bovenkanten van de armen niet platgedrukt.

RIEM (in lichtblauw garen)
Haak 38 l. Haak in rijen.
Rij 1: sla de eerste steek over, begin in de tweede steek, haak 1 hv, sla 2 steken over, haak de volgende 2 steken als stokjes samen, haak 2 st, haak 26 hst, haak 2 st, haak de volgende 2 steken als stokjes samen, haak 2 l, sla de eerste losse over, haak 1 hv in de 2e losse, haak 2 l, haak 1 hv in de laatste steek van de beginketting lossen [34]
Hecht af en laat een lang stuk garen hangen. Naai de riem aan het lijfje tussen R 21 en 22.

LINKERVIN (in lichtblauw garen)
Haak 10 l. Haak in rijen.
Rij 1: sla de eerste 3 steken over, begin in de vierde steek, haak 7 st, haak 3 keerlossen, draai je haakwerk om [7]
Rij 2: sla de eerste steek over, haak 3 reliëfstokjes voorlangs in de volgende steek, haak 5 reliëfstokjes voorlangs, haak 1 reliëfstokje voorlangs in de keerlossenketting van de vorige rij, haak 3 keerlossen, draai je haakwerk om [9]
Rij 3: sla de eerste steek over, haak 8 reliëfstokjes voorlangs, haak 2 reliëfstokjes voorlangs in de keerlossenketting van de vorige rij, haak 3 keerlossen, draai je haakwerk om [10]
Rij 4: sla de eerste steek over, haak 2 reliëfstokjes voorlangs in de volgende steek, haak 8 reliëfstokjes voorlangs, haak 1 reliëfstokje voorlangs in de keerlossenketting van de vorige rij, haak 3 keerlossen, draai je haakwerk om [11]
Rij 5: sla de eerste steek over, haak 10 reliëfstokjes

voorlangs, haak 2 reliëfstokjes voorlangs in de keerlossenketting van de vorige rij [12]
Hecht af.

RECHTERVIN (in lichtblauw garen)
Haak 10 l. Haak in rijen.
Rij 1: sla de eerste 3 steken over, begin in de vierde steek, haak 7 st, haak 3 keerlossen, draai je haakwerk om [7]
Rij 2: sla de eerste steek over, haak 6 reliëfstokjes voorlangs, haak 3 reliëfstokjes voorlangs in de keerlossenketting van de vorige rij, haak 3 keerlossen, draai je haakwerk om [9]
Rij 3: sla de eerste steek over, haak 2 reliëfstokjes voorlangs in de volgende steek, haak 7 reliëfstokjes voorlangs, haak 1 reliëfstokje voorlangs in de keerlossenketting van de vorige rij, haak 3 keerlossen, draai je haakwerk om [10]
Rij 4: sla de eerste steek over, haak 9 reliëfstokjes voorlangs, haak 2 reliëfstokjes voorlangs in de keerlossenketting van de vorige rij, haak 3 keerlossen, draai je haakwerk om [11]
Rij 5: sla de eerste steek over, haak 10 reliëfstokjes voorlangs, haak 1 reliëfstokje voorlangs in de keerlossenketting van de vorige rij [12]
Hecht af en laat een lang stuk garen hangen.

BRENG DE VINNEN SAMEN

- Plaats de twee vinnen samen met de mooie zijde naar elkaar gericht. Haal een lus lichtblauw garen naar boven en haak 6 hv op de korte zijde, door beide vinnen. Hecht af en laat een lang stuk garen hangen.
- Neem het eindje garen van de rechtervin op je stopnaald en haal het door het midden van elke rij aan de bovenkant van de vin, en trek het aan (afbeeldingen 11-12).
- Naai de vinnen aan de zijkanten van de staart (afbeelding 13). Haal het eindje garen door de linkerkant van de staart, tussen R 1 en 2, kom weer naar buiten aan de andere kant, ga opnieuw door het midden van elke rij aan de bovenkant van de vinnen en beweeg je naald terug door de staart. Verberg het eindje garen (afbeeldingen 14-15).
- Verberg de eindjes garen (waarmee je 6 hv haakte) in het midden van de staart (afbeeldingen 16-17).

KWAL

HOOFDJE (in muntgroen garen)
R 1: haak een magische ring met 8 v [8]
R 2: haak 2 v in elke v [16]
R 3: haak 2 v in elke 2e v [24]
R 4: haak 2 v in elke 3e v [32]
R 5: haak 32 v [32]
R 6: haak 2 v in elke 8e v [36]
R 7 t/m 9: haak 36 v [36]
R 10: haak elke 8e en 9e v samen [32]
R 11: haak deze ronde enkel in de voorste lus, haak 32 hv (losjes) [32]
Hecht af en verberg het eindje garen.

ONDERSTE DEEL (in lichtmuntgroen garen)
R 1: haak een magische ring met 8 v [8]
R 2: haak deze ronde enkel in de achterste lus, haak 2 v in elke v [16]
R 3: haak 2 v in elke 2e v [24]
R 4: haak 2 v in elke 3e v [32]
R 5: haak 32 v [32]
Haak in de volgende ronde de steken op R 5 enkel in de voorste lus.
R 6: (sla 1 steek over, haak 5 hst in de volgende steek, sla 1 steek over, haak 1 hv in de volgende steek, haak 21 l, draai je haakwerk om, sla de eerste losse over,

18

19

begin in de tweede losse, haak 20 hv in de lossen, haak 1 hv in dezelfde steek op R 5) doe dit 8 keer [56]
Hecht af en laat een lang stuk garen hangen.

TENTAKELS (in groen garen)
Haal een lus groen garen naar boven in de voorste lus van R 1 van het lijfje. Maak 16 tentakels (afbeeldingen 18-19).

Tentakel 1: haak 25 l, draai je haakwerk om, sla de eerste steek over, begin in de tweede steek, (haak 1 v, haak 2 v in de volgende steek) doe dit 9 keer, haak 6 hv, haak 1 hv in dezelfde steek op het onderste deel [33]

Tentakel 2: haak 29 l, draai je haakwerk om, sla de eerste steek over, begin in de tweede steek, (haak 1 v, haak 2 v in de volgende steek) doe dit 11 keer, haak 6 hv, haak 1 hv in dezelfde steek op het onderste deel [39]

Tentakel 3: haak 25 l, draai je haakwerk om, sla de eerste steek over, begin in de tweede steek, (haak 1 v, haak 2 v in de volgende steek) doe dit 9 keer, haak 6 hv, haak 1 hv in de volgende steek op het onderste deel [33]

Tentakel 4: haak 29 l, draai je haakwerk om, sla de eerste steek over, begin in de tweede steek, (haak 1 v, haak 2 v in de volgende steek) doe dit 11 keer, haak 6 hv, haak 1 hv in dezelfde steek op het onderste deel [39]

Tentakel 5 t/m 16: herhaal tentakels 3-4 nog 6 keer. Hecht af en verberg de eindjes garen. Vul het hoofdje van de kwal op met fiberfill. Naai door de achterste lussen van R 5 van het onderste deel en de achterste lussen van R 10 van het hoofdje. Verberg de eindjes garen.

Wist je dat ... het patroon voor Jack's liefje Emily de Kleine Zeemeermin deel uitmaakt van ons eerste "Amigurumi Fantasy" boek?

Poppy

DE PIXIE

DOOR AMOUR FOU (CARLA MITRANI)

Poppy is een pixie en daarmee een van de kleinste feetjes ter wereld. Ze past in de palm van je hand en ze woont afwisselend in paddenstoelen, bloemen, lege nesten en zelfs in de gaatjes die spechten in boomstronken maken. Net als alle andere feetjes is Poppy een beetje ondeugend en haalt ze graag grapjes uit. Maar als je ooit verdwaalt in het donker, helpt ze je graag ook weer op weg. Klap twee keer in je handen, zet je wijsvinger op je neus en duw op je beide oorlelletjes: hopla, daar verschijnt ze voor je ogen!

Moeilijkheidsgraad: ★★
Grootte: 20 cm (gehaakt met een haaknaald van 2 mm)

Amigurumi-galerij: Scan of bezoek www.amigurumipatterns.net/3210 om foto's te delen of inspiratie te vinden!

MATERIAAL:

(1) garen in
- huidkleur
- wit
- donkergroen
- bruin
- donkerroze
- lichtroze (restje)
- groen (restje)

2 mm haaknaald
Veiligheidsoogjes (6 mm)
Stopnaald
Markeerringen
Fiberfill

LIJFJE (begin in wit garen)
We haken het hoofdje en het lijfje als 1 onderdeel en beginnen bij het ondergoed.
R 1: haak een magische ring met 6 v [6]
R 2: haak 2 v in elke v [12]
R 3: haak 2 v in elke 2e v [18]
R 4: haak 2 v in elke 3e v [24]
R 5 t/m 8: haak 24 v [24]
Wissel naar huidkleurig garen.
R 9: haak deze ronde enkel in de achterste lus, haak 24 v [24]
Wissel naar wit garen.
R 10: haak 24 v [24]
Wissel naar donkergroen garen.
R 11: haak deze ronde enkel in de achterste lus, haak 24 v [24]
R 12: haak deze ronde enkel in de achterste lus, haak 24 v [24]
R 13: haak 24 v [24]
R 14: haak elke 3e en 4e v samen [18]
Vul op met fiberfill en blijf vullen naarmate je verder haakt.
R 15 t/m 16: haak 18 v [18]
R 17: haak elke 2e en 3e v samen [12]
R 18 t/m 20: haak 12 v [12]
Wissel naar huidkleurig garen.
R 21: haak 12 v [12]
Hecht niet af. Werk verder aan het hoofdje.

HOOFDJE (in huidkleurig garen)
R 22: haak 2 v in elke v [24]
R 23: haak 2 v in elke 4e v [30]
R 24: haak 2 v in elke 5e v [36]
Vul de nek stevig op met fiberfill.
R 25 t/m 34: haak 36 v [36]
R 35: haak elke 5e en 6e v samen [30]
Plaats de veiligheidsoogjes tussen R 27 en 28 van het

hoofdje, met 8 steken tussen beide. Borduur de neus tussen de ogen met huidkleurig garen. Borduur de wangen met lichtroze garen.

R 36: haak elke 4e en 5e v samen [24]

R 37: haak elke 3e en 4e v samen [18]

Vul het hoofdje stevig op met fiberfill.

R 38: haak elke 2e en 3e v samen [12]

R 39: haak alle vasten twee per twee samen [6]

Hecht af en verberg het eindje garen (afbeelding 1).

ONDERROK (in wit garen)

Houd het lijfje ondersteboven. Haal een lus wit garen naar boven in een voorste lus op R 11, op de rug (afbeelding 2).

R 1: haak deze ronde enkel in de voorste lus, haak 24 v [24]

R 2: haak 2 v in elke 4e v [30]

R 3: haak 2 v in elke 5e v [36]

R 4: haak 2 v in elke 6e v [42]

R 5 t/m 9: haak 42 v [42]

R 10: (haak 6 l, sla 2 steken over, haak 1 hv in de volgende steek) herhaal rondom (afbeeldingen 3-5).

Hecht af en verberg het eindje garen.

ROK (in donkergroen garen)

Houd het lijfje ondersteboven. Haal een lus donkergroen garen naar boven in een voorste lus op R 12, op de rug (afbeelding 6).

R 1: haak deze ronde enkel in de voorste lus, haak 24 v [24]

R 2: haak 2 v in elke 4e v [30]

R 3: haak 2 v in elke 5e v [36]

R 4: haak 2 v in elke 6e v [42]

R 5 t/m 10: haak 42 v [42]

Hecht af en verberg het eindje garen. Borduur bloemen op de rok met groen en lichtroze garen.

ARM (maak 2 stuks, in huidkleurig garen)

R 1: haak een magische ring met 4 v [4]

R 2: haak 2 v in elke v [8]

R 3 t/m 19: haak 8 v [8]
De arm hoeft niet opgevuld te worden. Vouw de arm dicht en haak de volgende ronde door beide zijden om de opening te sluiten.
R 20: haak 4 v [4]
Hecht af en laat een lang stuk garen hangen. Naai de armen aan weerszijden van het lijfje, op R 18 en 19.

BEEN (maak 2 stuks, in huidkleurig garen)
R 1: haak een magische ring met 5 v [5]
R 2: haak 2 v in elke v [10]
R 3 t/m 29: haak 10 v [10]
Vul de benen op met fiberfill en blijf vullen naarmate je verder haakt. Vul de benen niet te stevig op, maar net genoeg om ze vorm te geven. Vouw het been dicht en haak de volgende ronde door beide zijden om de opening te sluiten.
R 30: haak 5 v [5]
Hecht af en laat een lang stuk garen hangen. Til de rok op en naai de benen aan het lijfje.

PUNTHOED (in roze garen)
R 1: haak een magische ring met 6 v [6]
R 2: haak 6 v [6]
R 3: haak 2 v in elke v [12]
R 4: haak 12 v [12]

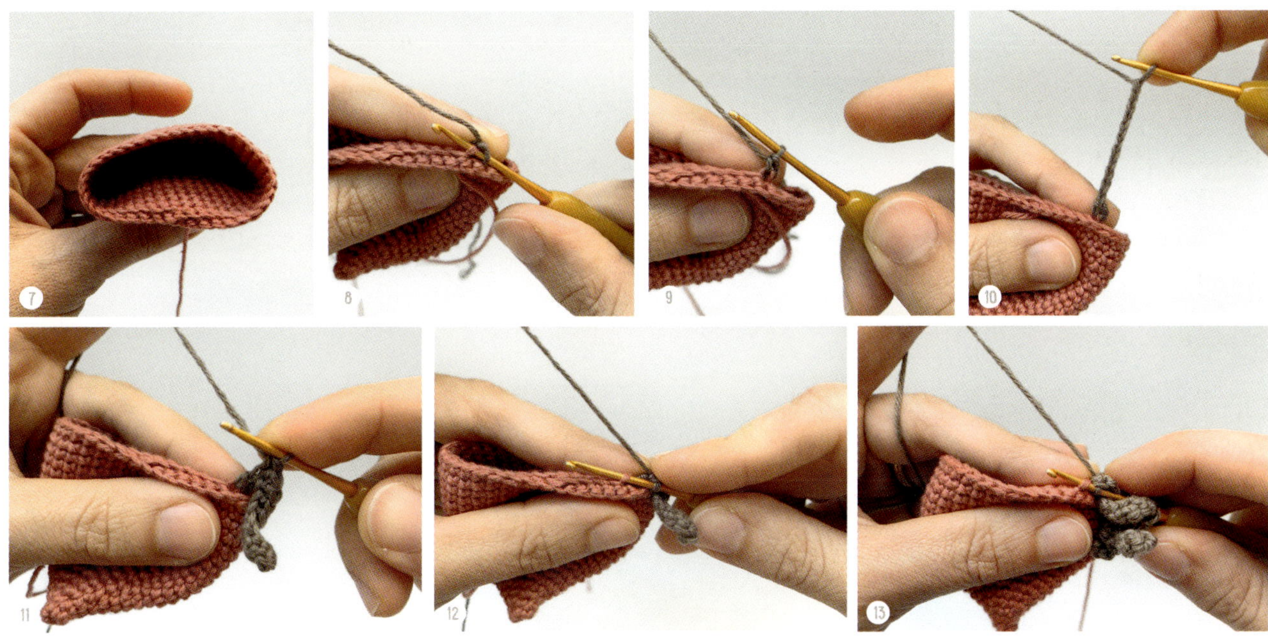

R 5: haak 2 v in elke 2e v [18]
R 6: haak 18 v [18]
R 7: haak 2 v in elke 3e v [24]
R 8: haak 24 v [24]
R 9: haak 2 v in elke 4e v [30]
R 10: haak 2 v in elke 5e v [36]
R 11: haak 2 v in elke 12e v [39]
R 12 t/m 20: haak 39 v [39]
R 21: haak de volgende steken enkel in de voorste lus, haak 7 v, haak de volgende steken in beide lussen, haak 26 v, haak de volgende steken enkel in de voorste lus, haak 6 v [39]
Hecht af en laat een lang stuk garen hangen.

HAAR

In de punthoed zie je 13 overblijvende achterste lussen. Vouw de rand van de hoed een beetje naar buiten (afbeelding 7) en haal een lus bruin garen naar boven in de meest rechtse achterste lus, haak 1 v (afbeeldingen 8-9). Haak in rijen.

Rij 1: (haak 11 l (afbeelding 10), sla de eerste steek over, haak 10 v in de lossen (afbeelding 11), haak 1 hv in de volgende steek op de punthoed (afbeelding 12))
doe dit 12 keer [12 haarlokken] (afbeelding 13).
Hecht af en verberg de eindjes garen. Naai de punthoed op het hoofdje. Borduur een pony op Poppy's voorhoofd met bruin garen.

VLEUGELS (maak 2 stuks, in wit garen)

R 1: haak een magische ring met 4 v [4]
R 2: haak 2 v in elke 2e v [6]
R 3: haak 6 v [6]
R 4: haak 2 v in elke v [12]
R 5 t/m 10: haak 12 v [12]
R 11: haak elke 2e en 3e v samen [8]
R 12: haak 8 v [8]
Vouw de vleugel dicht en haak de volgende ronde door beide zijden om de opening te sluiten.
R 13: haak 4 v [4]
Naai de vleugels op de rug.

Hamish
DE HIPPOGRIEF

DOOR PATCHWORK MOOSE (KATE E HANCOCK)

Hamish de Hippogrief woont in een bos in Schotland, in de buurt van de kust. Hij heeft een belangrijke baan: hij vliegt tovenaars rond die heen en weer pendelen tussen hun huis en hun toverwerk. In zijn vrije tijd vliegt hij achter zeemeeuwen aan, in de hoop hen ooit te kunnen trainen voor 's wereld eerste zeemeeuwencircus.

Moeilijkheidsgraad: ★★★
Grootte: 19 cm (gehaakt met een haaknaald van 3,5 mm)

Amigurumi-galerij: Scan of bezoek www.amigurumipatterns.net/3209 om foto's te delen of inspiratie te vinden!

MATERIAAL:

3 garen in
- wit
- lichtgrijs
- donkergrijs
- geel

Veiligheidsoogjes (20 mm)
3,5 mm haaknaald
Markeerringen
Stopnaald
Fiberfill

NOOT: Ontwerpster Patchwork Moose gebruikt handgeschilderde veiligheidsoogjes. Koop doorzichtige oogjes en schilder ze aan de binnenzijde met acrylverf.

HOOFDJE (in wit garen)

R 1: haak een magische ring met 6 v [6]
R 2: haak 2 v in elke v [12]
R 3: haak 2 v in elke 2e v [18]
R 4: haak 2 v in elke 3e v [24]
R 5: haak 2 v in v 1, 2, 3, 7, 8, 9, 19, 20, 21 [33]
R 6 t/m 7: haak 33 v [33]
R 8: haak 2 v in v 1, 3, 5, 10, 12, 14, 25, 27, 29 [42]
Markeer de 11e en 40e steek van R 8 met een markeerring. Hier komen later de veiligheidsoogjes.
R 9: haak 2 v in v 1, 4, 7, 13, 16, 19, 31, 34, 37 [51]
R 10 t/m 14: haak 51 v [51]
R 15: haak v 1&2, 5&6, 9&10, 16&17, 20&21, 24&25, 37&38, 41&42, 45&46 samen [42]
R 16: haak v 1&2, 4&5, 7&8, 13&14, 16&17, 19&20, 31&32, 34&35, 37&38 samen [33]
R 17: haak 33 v [33]
R 18: haak v 1&2, 3&4, 5&6, 10&11, 12&13, 14&15, 25&26, 27&28, 29&30 samen [24]

Plaats de veiligheidsoogjes in de gemarkeerde steken. Vul het hoofdje op met fiberfill en blijf vullen naarmate je verder haakt.
R 19: haak v 1&2, 5&6, 9&10, 13&14, 17&18, 21&22 samen [18]
R 20: haak v 1&2, 4&5, 7&8, 10&11, 13&14, 16&17 samen [12]
R 21: haak alle vasten twee per twee samen [6]
Hecht af en laat een lang stuk garen hangen. Neem het overblijvende stukje garen op je stopnaald. Haal het garen door de overblijvende steken en trek het aan om het laatste gaatje te sluiten. Verberg het eindje garen.

BEK (in geel garen)

R 1: haak een magische ring met 5 v [5]

1

2

3

4

R 2: haak 5 v [5]
R 3: haak 2 v in v 1 [6]
R 4: haak 2 v in v 1 [7]
R 5: haak 2 v in v 1 [8]
R 6: haak 2 v in v 1 [9]
R 7: haak 2 v in elke 3e v [15]
R 8: haak 15 v [15]
R 9: haak 2 v in v 2, 3, 7, 8, 12, 13 [21]
R 10: haak 21 v [21]
R 11: haak 2 v in v 2, 3, 4, 9, 10, 11, 16, 17, 18 [30]
Hecht af en laat een lang stuk garen hangen.

OOGLID (maak 2 stuks, in wit garen)

Haak 8 l. Haak in rijen.
Rij 1: sla de eerste steek over, begin in de tweede steek, haak 1 hv, 1 v, 1 hst, 1 st, 1 hst, 1 v, 1 hv [7]
Hecht af en laat een lang stuk garen hangen.

HOOFDVEREN

De hoofdveren worden in 2 delen gemaakt. Maak eerst de basis en maak vervolgens de veren op elke basis om een linker- en rechterset te krijgen.

Basis (maak 2 stuks, in wit garen)

Haak 15 l. Haak in rijen.
Rij 1: sla de eerste steek over, begin in de tweede steek, haak 14 v, haak 1 keerlosse, draai je haakwerk om [14]
Rij 2 t/m 3: haak 14 v, haak 1 keerlosse, draai je haakwerk om [14]
Werk door beide zijden van Rij 3 en 1 en verbind ze tot een tube. Vouw je haakwerk in de lengte, langs Rij 2.
Rij 4: haak door Rij 1 en 3, haak 14 hv [14]
Hecht af en verberg het eindje garen. De basis hoeft niet opgevuld te worden.

Rechterveren (in wit garen)

Houd de basis met de hv naar de rechterkant. Haal een lus wit garen naar boven. Maak je eerste steek in de 10e hv vanaf de onderzijde van de basis (afbeelding 1). Haak de veren als kettingen lossen vanaf de basis.
Rij 5: (haak 1 v in de basis, haak 4 l, sla de eerste steek over, begin in de tweede steek, haak 3 v in de lossen) doe dit 5 keer, haak 1 hv in de bovenzijde van de basis [5 veren]
Hecht af en verberg het eindje garen (afbeeldingen 2-3).

Linkerveren (in wit garen)

Houd de basis met de hv naar de linkerkant. Haal een lus wit garen naar boven. Maak je eerste steek in de bovenzijde van de basis (afbeelding 4). Haak de veren als kettingen lossen vanaf de basis.
Rij 5: (haak 1 hv in de bovenzijde van de basis, (haak 4 l, sla de eerste steek over, begin in de tweede steek, haak 3 v in de lossen) doe dit 5 keer [5 veren]
Hecht af en verberg het eindje garen.

5

6

LIJFJE (begin in lichtgrijs garen)
R 1: haak een magische ring met 6 v [6]
R 2: haak 2 v in elke v [12]
R 3: haak 2 v in elke 2e v [18]
R 4: haak 2 v in elke 3e v [24]
R 5: haak 2 v in elke 4e v [30]
R 6: haak 2 v in elke 5e v [36]
R 7: haak 2 v in elke 6e v [42]
R 8: haak 2 v in elke 7e v [48]
R 9: haak 2 v in elke 8e v [54]
R 10 t/m 14: haak 54 v [54]
R 15: haak elke 8e en 9e v samen [48]
R 16: haak 48 v [48]
R 17: haak elke 7e en 8e v samen [42]
Wissel naar wit garen.
R 18: haak 42 v [42]
R 19: haak deze ronde enkel in de achterste lus, haak elke 6e en 7e v samen [36]
R 20: haak 36 v [36]
R 21: haak elke 5e en 6e v samen [30]
R 22: haak deze ronde enkel in de achterste lus, haak 30 v [30]
R 23: haak elke 4e en 5e v samen [24]
R 24: haak 24 v [24]
R 25: haak deze ronde enkel in de achterste lus, haak elke 3e en 4e v samen [18]
R 26: haak 18 v [18]
Hecht af en laat een lang stuk garen hangen.

Vul het lijfje nog niet op.

LICHAAMSVEREN (in wit garen)
Haak de veren in de overblijvende voorste lussen op het lijfje. Houd het lijfje met de nekzijde naar je toe en begin met de ronde het dichtst bij het achterwerk (afbeelding 5).

Eerste verenronde
Haal een lus wit garen naar boven in de eerste voorste lus van R 18.
Voorste lussen van R 18: (haak 1 v, haak 3 st + 1 picotsteek + 3 st in de volgende steek, haak 1 v) doe dit 14 keer [14 veren]
Haak een hv in de eerste steek. Hecht af en verberg het eindje garen (afbeelding 6).

Tweede verenronde
Haal een lus wit garen naar boven in de eerste voorste lus van R 21.
Voorste lussen van R 21: (haak 1 v, haak 3 st + 1 picotsteek + 3 st in de volgende steek, haak 1 v) doe dit 10 keer [10 veren]
Haak een hv in de eerste steek. Hecht af en verberg het eindje garen.

Derde verenronde
Haal een lus wit garen naar boven in de eerste voorste lus van R 24.
Voorste lussen van R 24: (haak 1 v, haak 3 st + 1 picotsteek + 3 st in de volgende steek, haak 1 v) doe dit 8 keer [8 veren]
Haak een hv in de eerste steek. Hecht af en verberg het eindje garen (afbeelding 7). Vul het lijfje op met fiberfill.

VOORPOOT (maak 2 stuks, begin in wit garen)
R 1: haak een magische ring met 6 v [6]

R 2: haak 2 v in elke v [12]
R 3: haak 2 v in elke 3e v [16]
R 4 t/m 6: haak 16 v [16]
R 7: haak v 1&2, 5&6, 9&10, 13&14 samen [12]
Vul de voorpoot op met fiberfill en blijf vullen naarmate je verder haakt.
R 8: haak deze ronde enkel in de achterste lussen, haak 12 v [12]
Wissel naar geel garen.
R 9 t/m 12: haak 12 v [12]
R 13: haak v 1&2, 4&5, 7&8, 10&11 samen [8]
R 14 t/m 17: haak 8 v [8]
Hecht af en laat een lang stuk garen hangen.
Haak de veren in de overblijvende voorste lussen op de poten.

Veren op de voorpoot

Houd de open zijde van de voorpoot van je weg.
Haal een lus wit garen naar boven in de eerste voorste lus van R 7.
Voorste lussen van R 7: (haak 1 v, haak 3 st + 1 picotsteek + 3 st in de volgende steek, haak 1 v) doe dit 4 keer [36 + 4 veren]
Haak een hv in de eerste steek. Hecht af en verberg het eindje garen.

VOORSTE VOET (maak 2 stuks, in geel garen)

We maken 3 tenen, die we later aan elkaar haken om de voet te vormen.

Eerste en tweede teen (maak één van beide, in geel garen)

R 1: haak een magische ring met 6 v [6]
R 2 t/m 5: haak 6 v [6]
Hecht af en verberg het eindje garen.

Derde teen (in geel garen)

R 1: haak een magische ring met 6 v [6]
R 2 t/m 5: haak 6 v [6]
In de volgende ronde verbinden we de 3 tenen met elkaar.

7

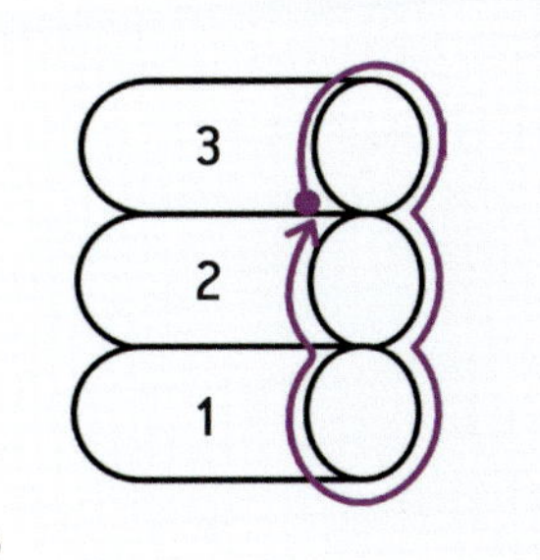

8

9

10

R 6: haak 6 v op de derde teen, haak 3 v op de tweede teen, haak 6 v op de eerste teen, haak 3 v op de tweede teen [18] (afbeelding 8)
R 7 t/m 8: haak 18 v [18]
Vul de tenen op met fiberfill en blijf vullen naarmate je verder haakt.
R 9: haak v 1&2, 4&5, 7&8, 10&11, 13&14, 16&17 samen [12]
R 10: haak 12 v [12]
R 11: haak alle vasten twee per twee samen [6]
R 12 t/m 14: haak 6 v [6]
Hecht af en laat een lang stuk garen hangen. Neem het overblijvende stukje garen op je stopnaald. Haal het garen door de overblijvende steken en trek het aan om het laatste gaatje te sluiten. Verberg het eindje garen.

ACHTERPOOT (maak 2 stuks, begin in donkergrijs garen)

Haak 6 l. We werken aan beide zijden van de ketting lossen.
R 1: sla de eerste steek over, begin in de tweede steek, haak 2 v in deze steek, haak 3 v, haak 3 v in de laatste steek. We gaan verder aan de andere zijde van de ketting lossen, haak 4 v [12]
R 2: haak 2 v in v 2, 6, 8, 12 [16]
R 3: haak 2 v in v 6, 7, 8, 10, 11, 12 [22]
R 4: haak 2 v in v 3, 8, 10, 14, 16, 21 [28]
Verwijder de lus donkergrijs garen van je haaknaald, maar hecht niet af. We nemen deze lus later terug op onze haaknaald om R 5 te haken.

Hoefijzer (in geel garen)

Haal een lus geel garen naar boven in de 4e steek van R 4 en maak het hoefijzer.
Rij 1: Begin in deze steek, haak 24 hv (afbeelding 9), haak 1 keerlosse en draai je haakwerk om [24]
Rij 1: werk deze rij enkel in de voorste lussen van de hv, haak 2 v in v 8 en 17 (afbeelding 10) [26]
Hecht af.

Plaats de lus donkergrijs garen opnieuw op je haaknaald en werk verder aan R 5.
R 5: haak 3 v, haak 26 v in de voorste lussen van het gele garen, haak de volgende steek door beide lussen, haak 1 v [30]
R 6 t/m 8: haak 30 v [30]
R 9: haak v 8&9, 11&12, 14&15, 19&20, 22&23, 25&26 samen [24]
R 10: haak 24 v [24]
Wissel naar lichtgrijs garen.
R 11: haak deze ronde enkel in de voorste lus, haak 24 hv [24]
R 12: haak deze ronde in de achterste lus van R 11, haak v 11&12, 13&14, 16&17, 18&19 samen [20]
R 13: haak v 1&2, 6&7, 11&12, 16&17 samen [16]

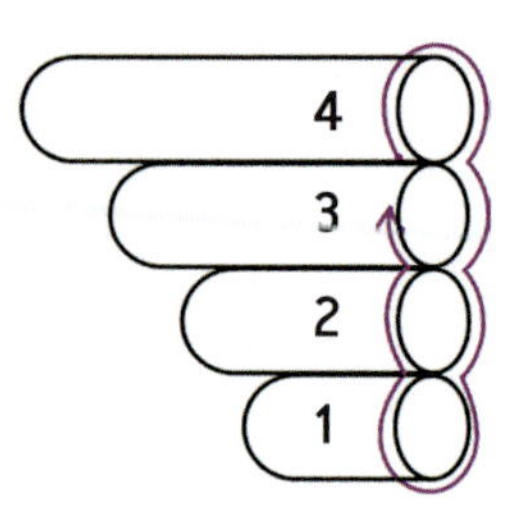

11

12

Vul de achterpoot op met fiberfill en blijf vullen naarmate je verder haakt.

R 14 t/m 24: haak 16 v [16]

R 25: haak v 1&2, 5&6, 9&10, 13&14 samen [12]

R 26: haak alle vasten twee per twee samen [6]

Hecht af en laat een stuk garen hangen. Neem het overblijvende stukje garen op je stopnaald. Haal het garen door de overblijvende steken en trek het aan om het laatste gaatje te sluiten. Verberg het eindje garen.

VLEUGEL (maak 2 stuks, in lichtgrijs garen)

We maken 4 veren, die we later aan elkaar haken om de vleugel te vormen.

Eerste veer (in lichtgrijs garen)

R 1: haak een magische ring met 6 v [6]

R 2 t/m 4: haak 6 v [6]

Hecht af en laat een stuk garen hangen.

Tweede veer (in lichtgrijs garen)

R 1: haak een magische ring met 6 v [6]

R 2 t/m 7: haak 6 v [6]

Hecht af en laat een stuk garen hangen.

Derde veer (in lichtgrijs garen)

R 1: haak een magische ring met 6 v [6]

R 2 t/m 10: haak 6 v [6]

Hecht af en laat een stuk garen hangen.

Vierde veer (in lichtgrijs garen)

R 1: haak een magische ring met 6 v [6]

R 2 t/m 13: haak 6 v [6]

In de volgende ronde verbinden we de 4 veren met elkaar.

R 14: haak 6 v op de vierde veer, haak 3 v op de derde veer, haak 3 v op de tweede veer, haak 6 v op de eerste veer, haak 3 v op de tweede veer, haak 3 v op de derde veer [24] (afbeelding 11)

R 15 t/m 19: haak 24 v [24]

R 20: haak v 1&2, 5&6, 9&10, 13&14, 17&18, 21&22 samen [18]

R 21: haak 18 v [18]

R 22: haak v 1&2, 4&5, 7&8, 10&11, 13&14, 16&17 samen [12]

R 23: haak 12 v [12]

R 24: haak alle vasten twee per twee samen [6]

Hecht af en laat een lang stuk garen hangen. De vleugels hoeven niet opgevuld te worden. Neem het overblijvende stukje garen op je stopnaald. Haal het garen door de overblijvende steken en trek het aan om het laatste gaatje te sluiten. Verberg het eindje garen. Naai de gaatjes tussen de veren dicht met de eindjes garen van de andere veren.

STAART (in donkergrijs garen)

Noot: Voor de staart maken we kettingen lossen. Haak in de onderzijde van de ketting lossen (niet in de twee lusjes aan de bovenzijde), zie pagina 13.

Laat een lang stuk garen aan het begin hangen.

R 1: haak een magische ring met 6 v [6]

R 2: haak deze ronde enkel in de achterste lus, haak 6 v [6]

R 3: (haak 21 l, sla de eerste steek over, begin in de tweede steek, haak 1 hv, haak 19 v, haak 1 v in de basis van de staart) doe dit 6 keer [6 haarlokken]

Haak een hv in de volgende steek. Hecht af en verberg

het eindje garen.
Haal een lus donkergrijs garen naar boven in de voorste lus op R 1.
R 4: (haak 21 l, sla de eerste steek over, begin in de tweede steek, haak 1 hv, haak 19 v, haak 1 v in de basis van de staart) doe dit 6 keer [6 haarlokken]
Hecht af en verberg het eindje garen.

AFWERKING

- Vul de bek lichtjes op met fiberfill en duw hem in een driehoekige vorm. De bovenkant van de bek raakt R 4 boven de magische ring. Naai de bek op het hoofdje.
- Naai de oogleden boven de oogjes en zorg ervoor dat ze rond de oogjes buigen.
- Speld de hoofdveren op het hoofdje, beginnend vanaf de bek. Zorg ervoor dat ze rond de oogjes buigen (afbeelding 12). Naai ze tot net boven het oog vast, het gevederde deel wordt niet vastgenaaid.
- Positioneer het hoofdje op de nekzijde van het lijfje en naai het stevig vast.
- Positioneer de open zijden van de voorpoten in het midden van de voeten, met 3 tenen vooraan en 1 teen achteraan. Naai de voeten stevig vast.
- Neem een lang stuk lichtgrijs garen op je stopnaald en naai door de eerste achterpoot op R 3, door het lijfje op R 6 en door de tweede achterpoot op R 3. Ga opnieuw door de tweede achterpoot, het lijfje en de eerste achterpoot op dezelfde plek en trek stevig aan. Herhaal deze steken een paar keer tot de achterpoten stevig vastgemaakt zijn, maar nog kunnen bewegen, en hecht af. Herhaal dit voor de voorpoten met wit garen, net onder de nek, tussen de eerste en tweede verenronde.
- Positioneer de vleugels achter de voorpoten, met de langste veren bovenaan en de kortste veren onderaan. Speld ze vast en naai ze op het lijfje, langs de basis van de vleugels. De rest van de vleugels wordt niet vastgenaaid.
- Naai de staart op de rug en verberg de eindjes garen.

Madre-monte

DOOR HOLLY'S HOBBIES

Madremonte is de Moeder van het bos en de bergen. Ze heeft een vast plekje in de Colombiaanse mythologie, en gebruikt haar sterke positie om campagne te voeren voor de groene longen van de aarde en alle dieren die er leven. Na een lange dag en eindeloze gesprekken houdt ze van de stilte van de bergen, daar kan ze helemaal tot rust komen.

Moeilijkheidsgraad: ★★★(★)
Grootte: 35 cm (gehaakt met een haaknaald van 4 mm)

Amigurumi-galerij: Scan of bezoek www.amigurumipatterns.net/3211 om foto's te delen of inspiratie te vinden!

MATERIAAL:
(4) garen in
- lichtgroen
- donkergroen
- grasgroen
- avocadogroen
- bruin
- wit
- zwart (restje)

3,5 mm haaknaald
4 mm haaknaald
Veiligheidsoogjes (15 mm)
Zwart borduurgaren
Stopnaald
Optioneel: wit vilt (7x 7 cm)
Fiberfill

Noot: Gebruik een 4 mm haaknaald, tenzij anders vermeld in het patroon.

HOOFD EN LIJFJE (in lichtgroen garen)

R 1: haak een magische ring met 6 v [6]
R 2: haak 2 v in elke v [12]
R 3: haak 2 v in elke 2e v [18]
R 4: haak 2 v in elke 3e v [24]
R 5: haak 2 v in elke 4e v [30]
R 6: haak 2 v in elke 5e v [36]
R 7: haak 2 v in elke 6e v [42]
R 8: haak 2 v in elke 7e v [48]
R 9 t/m 18: haak 48 v [48]
R 19: haak 14 v, haak de volgende steken enkel in de voorste lus, haak 2 v in de volgende steek,haak 4 v, haak 2 v in de volgende steek, haak de volgende steken in beide lussen, haak 8 v, haak de volgende steken enkel in de voorste lus, haak 2 v in de volgende steek, haak 4 v, haak 2 v in de volgende steek, haak de volgende steken in beide lussen, haak 14 v [52]
R 20 t/m 21: haak 52 v [52]
R 22: haak v 15&16, 21&22, 31&32, 37&38 samen [48]
R 23: haak elke 7e en 8e v samen [42]
R 24: haak elke 6e en 7e v samen [36]
R 25: haak elke 5e en 6e v samen [30]
Knip 2 stukjes wit vilt (4 cm) en maak een gaatje in het midden voor de veiligheidsoogjes. Je kan dit ook weglaten of het oogwit borduren met wit garen. Plaats de viltstukjes met de veiligheidsoogjes tussen R 16-17, met 5-6 steken tussen het witte deel van beide oogjes.
R 26: haak elke 4e en 5e v samen [24]
R 27: haak elke 3e en 4e v samen [18]
Vul het hoofdje op met fiberfill en blijf vullen naarmate je verder haakt. Let erop dat je niet te veel opvult.
R 28: haak elke 2e en 3e v samen [12]

1

2

3

4

R 29: haak 12 v [12]
R 30: haak 2 v in elke 2e v [18]
R 31: haak 2 v in elke 3e v [24]
R 32: haak 2 v in elke 4e v [30]
R 33: haak 2 v in elke 5e v [36]
R 34 t/m 38: haak 36 v [36]
Wissel naar donkergroen garen.
R 39: haak 36 hv [36]
Haak 1 hv in de eerste steek. Haak 1 keerlosse. Houd je haakwerk met het hoofdje naar boven. Begin de volgende ronde in de laatste hv van R 39.
R 40: haak deze ronde enkel in de achterste lus, (sla de volgende 2 steken over, haak 3 st + 1 l + 1 reliëfvaste voorlangs in het laatste st dat je maakte + 2 st in dezelfde steek, sla de volgende 2 steken over, haak 1 hv) doe dit 6 keer [6 punten] (afbeelding 1)
Haak 1 hv in de eerste steek. Haak 1 keerlosse, draai je haakwerk om, met het hoofdje naar beneden.
Overblijvende voorste lussen van R 40: haak 36 v [36] (afbeelding 2)
Haak verder in beide lussen.
R 41: haak 2 v in elke 18e v [38]
R 42 t/m 50: haak 38 v [38]
R 51: haak 2 v in elke 19e v [40]
R 52: haak 40 v [40]
R 53: haak 2 v in elke 20e v [42]
R 54: haak 42 v [42]
R 55: haak deze ronde enkel in de achterste lus, haak 42 v [42]
R 56 t/m 58: haak 42 v [42]
R 59: haak elke 6e en 7e v samen [36]
R 60: haak elke 5e en 6e v samen [30]
R 61: haak elke 4e en 5e v samen [24]
R 62: haak elke 3e en 4e v samen [18]
R 63: haak elke 2e en 3e v samen [12]
R 64: haak alle vasten twee per twee samen [6]
Hecht af en laat een eindje garen hangen. Neem het overblijvende stukje garen op je stopnaald. Haal het garen door de overblijvende steken en trek het aan om het laatste gaatje te sluiten. Verberg het eindje garen.

ROK (in donkergroen garen)

Houd de pop met het hoofdje naar je toe, en haal een lus donkergroen garen naar boven in de eerste overblijvende voorste lus van R 54 van het lijfje.
R 1: haak deze ronde enkel in de voorste lus, haak 42 v [42]
R 2: haak 2 v in elke 14e v [45]
R 3 t/m 4: haak 45 v [45]
R 5: haak 2 v in elke 15e v [48]
R 6 t/m 8: haak 48 v [48]
R 9: (sla de volgende 2 steken over, haak 3 st + 1 l + 1 reliëfvaste voorlangs in het laatste st dat je maakte + 2 st in dezelfde steek, sla de volgende 2 steken over, haak 1 hv) doe dit 8 keer [8 punten]

5

6

Hecht af en verberg de eindjes garen.

OOGLID (maak 2 stuks, met een 3,5 mm haaknaald, in lichtgroen garen)
Haak 8 l. Haak in rijen.
Rij 1: sla de eerste steek over, begin in de tweede steek, haak 6 v, haak 1 hv in de laatste steek [7]
Hecht af en laat een lang stuk garen hangen. Positioneer de oogleden boven de ogen, met de hv naar de buitenhoeken van de ogen gericht, en naai ze vast (afbeelding 4).

NEUS (met een 3,5 mm haaknaald, in lichtgroen garen)
R 1: haak een magische ring met 6 v [6]
Hecht af en laat een extra lang stuk garen hangen. Positioneer de neus in het midden van het gezicht, op 1-2 rondes onder de ogen. Naai hem vast en gebruik het resterende eindje garen om het gezicht vorm te geven.

HET GEZICHT VORMEN (afbeelding 5)

- Neem het overblijvende eindje garen van de neus op je stopnaald.
- Breng je stopnaald naar binnen langs de rechteronderzijde van de neus en kom naar buiten in de binnenhoek van het linkeroog.
- Breng je stopnaald opnieuw naar binnen op 1 steek van de plek waar je naar buiten kwam en kom opnieuw naar buiten waar je de rechtermondhoek wil

maken. Trek het eindje garen een beetje aan.

- Breng je stopnaald opnieuw naar binnen op 1 steek van de plek waar je naar buiten kwam en kom opnieuw naar buiten in de binnenhoek van het rechteroog. Trek het eindje garen een beetje aan.
- Breng je stopnaald opnieuw naar binnen op 1 steek van de plek waar je naar buiten kwam en kom opnieuw naar buiten waar je de linkermondhoek wil maken. Trek het eindje garen stevig aan.
- Breng je stopnaald opnieuw naar binnen op 1 steek van de plek waar je naar buiten kwam en breng de naald naar buiten in de binnenhoek van het linkeroog. Trek het eindje garen stevig aan en verberg het eindje garen.
- Borduur eyeliner op beide oogleden met zwart garen. Borduur 2 kleine, diagonale strepen op het einde van de eyeliner om 'cat-eye' make-up na te bootsen. Borduur een schoonheidsvlek net onder het rechteroog met zwart borduurgaren. Borduur de mond met zwart borduurgaren (afbeelding 6).

HAARKAPJE (in grasgroen garen)

R 1: haak een magische ring met 6 v [6]
R 2: haak 2 v in elke v [12]
R 3: haak 2 v in elke 2e v [18]
R 4: haak 2 v in elke 3e v [24]
R 5: haak 2 v in elke 4e v [30]
R 6: haak 2 v in elke 5e v [36]
R 7: haak 2 v in elke 6e v [42]
R 8: haak 2 v in elke 7e v [48]
R 9 t/m 15: haak 48 v [48]

Hecht af en laat een lang stuk garen hangen. Positioneer het haarkapje op het hoofdje, op 7-8 rondes boven de oogleden. Naai rond R 15 en gebruik het overblijvende eindje garen om wenkbrauwen boven de oogleden te borduren (6-7 steken breed).

7

8

OOR (maak 2 stuks, in lichtgroen garen)
R 1: haak een magische ring met 7 v [7]
R 2: haak 2 v in de volgende 2 steken, haak 1 v + 1 hst in de volgende steek, haak 1 st + 1 dst + 1 l + 1 reliëfhalfvaste voorlangs in het dst dat je net maakte + 1 st in dezelfde steek, haak 1 hst + 1 v in de volgende steek, haak 2 v in de volgende 2 steken [15]
Hecht af en laat een lang stuk garen hangen. Positioneer de oren aan weerszijden van het hoofdje, op één lijn met de ogen. De oren raken de zijkant van het haarkapje (afbeelding 7).

TWIJG (maak 2 stuks)

Kleine tak (in bruin garen)
R 1: haak een magische ring met 4 v [4]
R 2 t/m 4: haak 4 v [4]
Hecht af en verberg het eindje garen.

Grote tak (in bruin garen)
R 1: haak een magische ring met 6 v [6]
R 2 t/m 5: haak 6 v [6]
R 6: haak 5 v, haak 5 l, sla de eerste steek over, begin in de tweede steek, haak 4 v, haak 1 v in de volgende steek op de grote tak [6 v + 4 l]
R 7: haak 5 v, sla de lossen over, haak 1 v [6]
R 8: haak 6 v [6]
R 9: haak 2 v, vouw het einde van de kleine tak dicht en haak 2 v door beide zijden en de grote tak, haak 2 v op de grote tak [6]
R 10 t/m 13: haak 6 v [6]
Hecht af en laat een lang stuk garen hangen.
Positioneer de twijgen op 5 rondes van de voorkant van het haarkapje, op ongeveer 4 cm boven elk oor. Naai ze vast op het haarkapje (afbeelding 8).

Blaadje (maak 6 stuks in totaal, met een 3,5 mm haaknaald, 3 in donkergroen en 3 in grasgroen garen)
R 1 : haak 2 l, sla de eerste steek over, begin in de tweede steek, haak 2 v + 1 hst + 1 st in de volgende steek, haak 1 l, haak 1 reliëfhalfvaste voorlangs in het st dat je net maakte, haak 1 hst + 2 v in de volgende steek [7]
Hecht af en laat een lang stuk garen hangen. Naai een blaadje op de grote tak (op het einde van de lossen van R 6) en een ander blaadje op R 1 van de kleine tak. Leg 2 blaadjes opzij voor de riem.

RIEM (in bruin garen)
Haak 58 l. Hecht af en naai 1 blaadje in elke kleur op de uiteindes van de riem. Verberg de eindjes garen en knoop de riem rond het middel.

HAARLOKKEN (in grasgroen garen)
Noot: Maak de haarlokken in 4 aparte delen. Deel 1 wordt het hoofddeel dat de kruin van het hoofdje bedekt. Deel 2 zal het achterhoofd bedekken. Maak 2 keer deel 3, dit zal de zijkant van het hoofdje onder de twijgen bedekken. Naai alle delen op het haarkapje en aan het hoofdje voor extra stevigheid. Zorg ervoor dat de goede zijde naar binnen is gericht.

Deel 1
Haak 39 l. Sla de eerste steek over, begin in de tweede steek, haak 38 hst, (haak 40 l, sla de eerste steek over, begin in de tweede steek, haak 38 hst, maak deze rij

9

10

11

12

niet verder af) doe dit 9 keer [10 haarlokken]
Vouw het deel dubbel, zodat de bovenkant van de 5 haarlokken samenkomt met de bovenkant van de andere 5 haarlokken. Naai of haak hv langs deze bovenkant om ze vast te maken. Laat een lang stuk garen hangen. Positioneer deel 1 van de rand tot het midden (R 1) van het haarkapje en naai het vast (afbeelding 9).

Deel 2

(Haak 39 l, sla de eerste steek over, begin in de tweede steek, haak 38 hst) doe dit 3 keer [3 haarlokken]
Hecht af en laat een lang stuk garen hangen. Positioneer de haarlokken van deel 2 achter deel 1 en naai ze vast (afbeelding 10).

Deel 3 (maak 2 stuks)

(Haak 33 l, sla de eerste steek over, begin in de tweede steek, haak 32 hst) doe dit 3 keer [3 haarlokken]
Hecht af en laat een lang stuk garen hangen. Positioneer 3 haarlokken van deel 3 onder elke twijg en naai ze vast (afbeelding 8).

ARM (maak 2 stuks)

We maken een duim en 3 vingers die we later aan elkaar haken om de hand en arm te vormen.

Duim (met een 3,5 mm haaknaald, in lichtgroen garen)

R 1: haak een magische ring met 6 v [6]
R 2 t/m 3: haak 6 v [6]
Hecht af en laat een stuk garen hangen.

Vinger (maak 3 stuks, met een 3,5 mm haaknaald, in lichtgroen garen)

R 1: haak een magische ring met 6 v [6]
R 2 t/m 4: haak 6 v [6]
Hecht af op de eerste en tweede vinger. Hecht niet af op de derde vinger. In de volgende ronde verbinden we de 3 vingers met elkaar.
R 5: haak 3 v op de tweede vinger, haak 6 v op de eerste vinger, haak 3 v op de tweede vinger, haak 6 v op de derde vinger [18] Naai de gaatjes tussen de vingers dicht met de eindjes garen.
R 6 t/m 7: haak 18 v [18]
R 8: haak v 7&8 samen [17]
In de volgende ronde verbinden we de duim met de hand.
R 9: haak 6 v op de hand, haak 5 v op de duim, sla 1 steek over, haak 10 v op de hand [21]
Naai de gaatjes tussen de duim en de hand dicht met de eindjes garen.
R 10: haak v 6&7, 11&12, 19&20 samen [18]
Vul de vingers en de hand lichtjes op met fiberfill en blijf vullen naarmate je verder haakt.
R 11: haak 18 v [18]
R 12: haak elke 8e en 9e v samen [16]

R 13 t/m 29: haak 16 v [16]
R 30: haak elke 3e en 4e v samen [12]
R 31: haak alle vasten twee per twee samen [6]
Hecht af en laat een lang stuk garen hangen. Naai de armen aan weerszijden van het lijfje, op R 31-32 (afbeelding 11).

BEEN (maak 2 stuks, in lichtgroen garen)
Haak 8 l. We werken aan beide zijden van de ketting lossen.
R 1: sla de eerste steek over, begin in de tweede steek, haak 6 v, haak 4 v in de laatste steek. We gaan verder aan de andere zijde van de ketting lossen, haak 5 v, haak 2 v in de volgende steek [17]
R 2: haak 2 v in v 1, 7, 8, 9, 10, 16, 17 [24]
R 3: haak 2 v in v 2, 9, 11, 13, 15, 22, 24 [31]
R 4: haak 2 v in v 3, 11, 14, 17, 20, 28, 31 [38]
R 5 t/m 7: haak 38 v [38]
R 8: haak 9 v, haak de volgende 2 steken samen, haak de volgende 12 steken twee per twee als hst samen, haak de volgende 2 steken samen, haak 13 v [30]
R 9: haak 8 v, haak de volgende 2 steken samen, haak de volgende 8 steken twee per twee als hst samen, haak de volgende 2 steken samen, haak 10 v [24]
R 10: haak 5 v, haak de volgende 2 steken samen, haak de volgende 8 steken twee per twee als hst samen, haak de volgende 2 steken samen, haak 5 v, haak de volgende 2 steken samen [17]
R 11: haak v 8&9 samen [16]
Vul het been op met fiberfill en blijf vullen naarmate je verder haakt.
R 12 t/m 30: haak 16 v [16]
R 31: haak alle vasten twee per twee samen [8]
Hecht af en laat een lang stuk garen hangen. Borduur tenen op R 4-9 (afbeelding 12) met avocadogroen garen. Positioneer de benen aan weerszijden van R 62 van het lijfje en naai ze vast.

13

14

15

16

SANDAAL (maak 2 stuks, in donkergroen garen)
Haak 8 l. We werken aan beide zijden van de ketting lossen.
R 1: sla de eerste steek over, begin in de tweede steek, haak 6 v, haak 4 v in de laatste steek. We gaan verder aan de andere zijde van de ketting lossen, haak 5 v, haak 2 v in de volgende steek [17]
R 2: haak 2 v in v 1, 7, 8, 9, 10, 16, 17 [24]
R 3: haak 2 v in v 2, 9, 11, 13, 15, 22, 24 [31]
R 4: haak 2 v in v 3, 11, 14, 17, 20, 28, 31 [38]
R 5: haak 38 v [38]
Hecht af en laat een lang stuk garen hangen.

SANDAALBANDJE (maak 2 stuks, in avocadogroen garen)
Laat een lang stuk garen aan het begin hangen.
Haak 43 l. Sla de eerste steek over, begin in de tweede steek, haak 1 hv, haak 1 hst, haak 2 hv, haak 19 l, sla de eerste steek over, begin in de tweede steek, haak 1 hv, haak 1 hst, haak 2 hv, haak 16 l, sla de eerste steek over, begin in de tweede steek, haak 1 hv, haak 1 hst, haak 2 hv, haak 10 l. Hecht af en laat een lang stuk garen hangen.

AFWERKING VAN DE SANDALEN
Positioneer een sandaal onder elke voet, met de mooie zijde naar binnen. Speld ze vast (afbeelding 13). Gebruik het eindje garen van de sandalen en maak een klein steekje zodat je de spelden kan verwijderen. Duid 3 punten op de zijkanten van de sandaal aan met speldjes (afbeelding 14). Gebruik het eindje garen aan het begin van het sandaalbandje om de zijkant van de sandaal aan de voet te naaien ter hoogte van het eerste speldje aan de buitenkant van de voet. Maak het begin van het sandaalbandje vast en breng het eindje garen naar de andere zijde (naar de tweede speld). Kruis het bandje boven op de voet naar het tweede speldje toe en naai het daar vast (afbeeldingen 15-16). Breng het eindje garen weer door de voet naar de derde speld, kruis het sandaalbandje over de bovenkant van de voet naar ditzelfde speldje en naai het daar vast (afbeelding 17). Verberg het eindje garen. Wind het sandaalbandje twee keer om het been en naai het vast aan de bovenkant van het been (afbeelding 18). Verberg het eindje garen.

GROOT BLAD (met een 3,5 mm haaknaald, in avocadogroen garen)
Haak 7 l. We werken aan beide zijden van de ketting lossen.
R 1: sla de eerste steek over, begin in de tweede steek, haak 1 hst + 1 st in de volgende steek, haak 2 st in de volgende steek, haak 1 st + 1 hst in de volgende steek, haak 1 hst, haak 1 v, haak 1 hv, haak 1 l. We gaan verder aan de andere zijde van de ketting lossen, haak 1 hv, haak 1 v, haak 1 hst, haak 1 hst + 1 st in de volgende steek, haak 2 st in de volgende steek, haak 1 st + 1 hst in de volgende steek [18] Haak 1 hv in dezelfde steek.

17

18

19

20

Hecht af en laat een lang stuk garen hangen.

KLEIN BLAD (maak 2 stuks, met een 3,5 mm haaknaald, in grasgroen garen)

Haak 6 l. We werken aan beide zijden van de ketting lossen.

R 1: sla de eerste steek over, begin in de tweede steek, haak 1 hst + 1 st in de volgende steek, haak 2 st in de volgende steek, haak 1 hst, haak 1 v, haak 1 hv, haak 1 l. We gaan verder aan de andere zijde van de ketting lossen, haak 1 hv, haak 1 v, haak 1 hst, haak 2 st in de volgende steek, haak 1 st + 1 hst in de volgende steek [18] Haak 1 hv in dezelfde steek. Hecht af en laat een lang stuk garen hangen.

SCHOUDERBANDJE (met een 3,5 mm haaknaald, in avocadogroen garen)

Laat een lang stuk garen aan het begin hangen. Haak 24 l. We werken aan beide zijden van de ketting lossen.

R 1: sla de eerste steek over, begin in de tweede steek, haak 1 hst, haak 19 st, haak 1 hst, haak 1 v, haak 1 hv, haak 3 l, sla de eerste steek over, begin in de tweede steek, haak 2 v in de volgende 2 steken. We gaan verder aan de andere zijde van de ketting lossen, haak 2 v in de volgende steek, haak 1 v, haak 1 hst, haak 19 st, haak 1 hst [67 + 2 l]

Hecht af en laat een lang stuk garen hangen.

AFWERKING VAN DE JURK

Positioneer het schouderbandje over de linkerschouder, met het gebogen deel over de linkerborst. Kruis het bandje op de rug. Naai de eindjes vast. Positioneer een klein blaadje naast het gebogen deel van het schouderbandje en een groot en klein blaadje net onder het middel. Naai ze vast (afbeeldingen 19-20).

YETI
Junior

DOOR MAJA HANSEN

In het besneeuwde Himalayagebergte woont Yeti Junior. Hij wil graag net zo beroemd worden als zijn papa, Yeti de Grote, maar helaas laat zijn mama hem niet op Instagram. Het is niet zo gemakkelijk om volgers te krijgen, maar er zijn natuurlijk wel die gekke mensen die zijn voetsporen in de sneeuw volgen. Yeti Junior heeft daarom besloten om wild te dansen in plaats van te wandelen, daar zullen die volgers wel van opkijken!

Moeilijkheidsgraad: ★★★
Grootte: 18 cm (gehaakt met een haaknaald van 2,75 mm)

Amigurumi-galerij: Scan of bezoek www.amigurumipatterns.net/3212 om foto's te delen of inspiratie te vinden!

MATERIAAL:
garen (wolmix) in
lichtblauw
wit
2,75 mm haaknaald
Veiligheidsoogjes (9 mm)
Wit borduurgaren
Borduurnaald
Metaalborstel
Fiberfill
Optioneel: metaaldraad of pijpenragers

Noot: Het is essentieel om voor dit project een wolmixgaren te kiezen, zodat je het lichaam en het haar na het haken pluizig kan maken.

MOND (in lichtblauw garen)
Haak 18 l. We werken aan beide zijden van de ketting lossen.
R 1: sla de eerste steek over, begin in de tweede steek, haak 16 v, haak 3 v in de volgende steek. We gaan verder aan de andere zijde van de ketting lossen, haak 16 v, haak 3 v in de volgende steek [38]
R 2: haak 2 v in v 17, 18, 19, 36, 37, 38 [44]
R 3 t/m 5: haak 44 v [44]
Hecht af en verberg het eindje garen.

OOGLAPJE (maak 2 stuks, in wit garen)
R 1: haak een magische ring met 6 v [6]
R 2: haak 2 v in elke v [12]
R 3: haak 2 v in elke 2e v [18]
Hecht af en laat een lang stuk garen hangen.

HOOFDJE (in lichtblauw garen)
We beginnen onderaan.
Haak 11 l. We werken aan beide zijden van de ketting lossen.
R 1: sla de eerste steek over, begin in de tweede steek, haak 9 v, haak 3 v in de volgende steek. We gaan verder aan de andere zijde van de ketting lossen, haak 9 v, haak 3 v in de volgende steek [24]
R 2: haak 2 v in v 10, 11, 12, 22, 23, 24 [30]
R 3: haak 2 v in v 11, 13, 15, 26, 28, 30 [36]
R 4: haak 2 v in v 12, 15, 18, 30, 33, 36 [42]
R 5: haak 2 v in v 13, 17, 21, 34, 38, 42 [48]
R 6: haak 2 v in v 14, 19, 24, 38, 43, 48 [54]
R 7: haak 2 v in v 19, 47 [56]
R 8: haak 56 v [56]
R 9: haak 2 v in v 20, 48 [58]
R 10: haak 58 v [58]
R 11: haak 2 v in v 21, 50 [60]
R 12 t/m 16: haak 60 v [60]

1 2 3

In de volgende ronde verbinden we de mond met het hoofdje.

R 17: haak 26 v, plaats de mond in het hoofdje (afbeelding 1) en haak 22 v door de mond en het hoofdje (afbeelding 2), haak 12 v [60]

R 18: haak 26 v, haak 22 v in de resterende steken op de mond (afbeelding 3), haak 12 v [60]

We haken verder op deze 60 steken.

R 19 t/m 21: haak 60 v [60]

R 22: haak elke 9e en 10e v samen [54]

R 23: haak elke 8e en 9e v samen [48]

R 24: haak elke 7e en 8e v samen [42]

R 25: haak elke 6e en 7e v samen [36]

R 26: haak elke 5e en 6e v samen [30].

Plaats de veiligheidsoogjes door de ooglapjes en door R 18-19 van het hoofdje. Naai de ooglapjes tussen R 17 en 22 van het hoofdje met wit borduurgaren.

R 27: haak elke 4e en 5e v samen [24]

R 28: haak elke 3e en 4e v samen [18].

Vul het hoofdje op met fiberfill.

R 29: haak elke 2e en 3e v samen [12]

R 30: haak alle vasten twee per twee samen [6].

Hecht af en verberg het eindje garen.

OOR (maak 2 stuks, in lichtblauw garen)

R 1: haak een magische ring met 6 v [6]

R 2: haak 2 v in elke v [12]

R 3: haak 2 v in elke 2e v [18]

R 4 t/m 5: haak 18 v [18]

Hecht af en laat een lang stuk garen hangen. Duw de oren in hun vorm en naai ze op R 14-20 van het hoofdje.

TAND (maak 2 stuks, in wit garen)

Haak in rijen. Haak 6 l.

R 1: sla de eerste steek over, begin in de tweede steek, haak 1 v, haak 1 hst, haak 3 st [5]

4

5

6

Hecht af en verberg het eindje garen. Plaats de tanden aan weerszijden van de mond en naai ze op het hoofdje met wit borduurgaren.

HAAR

- Markeer de plek waar je het haar wil maken met spelden (afbeelding 4).
- Knip eindjes wit garen van 10 cm.
- Trek een eindje garen door een steek op het hoofdje met je haaknaald (afbeelding 5). Trek de uiteindes door de lus en trek stevig aan (afbeelding 6).
- Bedek zo de achterkant van het hoofdje.
- Borstel het haar met een metaalborstel om het pluizig te maken.

ARM (maak 2 stuks)

We maken voor elke hand 3 vingers en een duim die we later aan elkaar haken.

Duim (in lichtblauw garen)

R 1: haak een magische ring met 6 v [6]
R 2 t/m 3: haak 6 v [6]
Hecht af en verberg de eindjes garen.

Vinger (maak 3 stuks, begin in lichtblauw garen)

R 1: haak een magische ring met 6 v [6]
R 2 t/m 4: haak 6 v [6]
Hecht af op 2 vingers. Hecht niet af op de derde vinger. In de volgende ronde verbinden we 3 vingers en de duim met elkaar.
R 5: haak 2 v op de derde vinger, haak 5 v op de eerste vinger, haak 2 v op de derde vinger, haak 5 v op de tweede vinger [14] Er blijft 1 steek tussen de vingers over. Naai de gaatjes tussen de vingers dicht met de eindjes garen.
R 6: haak 14 v [14]
R 7 (rechterhand): haak 2 v, haak 2 v door de hand en de duim, haak 10 v [14]
R 7 (linkerhand): haak 4 v, haak 2 v door de hand en de duim, haak 8 v [14]
R 8 (rechterhand): haak 2 v, haak 4 v in de resterende steken op de duim, haak 10 v [16]
R 8 (linkerhand): haak 4 v, haak 4 v in de resterende steken op de duim, haak 8 v [16]
R 9: haak alle vasten twee per twee samen [8]
Wissel naar wit garen.
R 10 t/m 17: haak 8 v [8]
R 18: haak v 1&2 samen [7]
R 19 t/m 21: haak 7 v [7]
Hecht af en verberg de eindjes garen. Je kan een stukje metaaldraad of een pijpenrager in de armen steken zodat ze kunnen buigen. Voeg een beetje fiberfill rond de metaaldraad toe.

LIJFJE (in wit garen)

R 1: haak een magische ring met 6 v [6]

R 2: haak 2 v in elke v [12]
R 3: haak 2 v in elke 2e v [18]
R 4: haak 2 v in elke 3e v [24]
R 5: haak 2 v in elke 4e v [30]
R 6: haak 2 v in elke 5e v [36]
R 7: haak 2 v in elke 6e v [42]
R 8: haak 2 v in elke 7e v [48]
R 9 t/m 12: haak 48 v [48]
R 13: haak elke 7e en 8e v samen [42]
R 14: haak 42 v [42]
R 15: haak v 1&2, 22&23 samen [40]
R 16: haak v 1&2, 21&22 samen [38]
R 17: haak v 1&2, 20&21 samen [36]
R 18: haak v 1&2, 19&20 samen [34]
R 19: haak v 1&2, 18&19 samen [32]
R 20: haak 32 v [32]
R 21: haak v 1&2, 17&18 samen [30]
R 22: haak v 1&2, 16&17 samen [28]
R 23: haak v 1&2, 15&16 samen [26]
In de volgende ronde verbinden we de armen met het lijfje.
R 24: haak 3 v, haak 3 v door de arm en het lijfje, haak 10 v, haak 3 v door de arm en het lijfje, haak 7 v [26]
R 25: haak 3 v, haak 4 v in de resterende steken op de arm, haak 4 v, haak de volgende 2 steken samen, haak 4 v, haak 4 v in de resterende steken op de arm, haak 2 v, haak de volgende 2 steken samen, haak 3 v [26]
R 26: haak v 7&8, 13&14, 19&20, 25&26 samen [22]
R 27: haak v 2&3, 5&6, 8&9, 11&12, 14&15, 17&18, 20&21 samen [15]
Hecht af en laat een lang stuk garen hangen.
Je kan een extra stukje metaaldraad van het lijfje in het hoofdje steken om de nek te steunen. Vul het lijfje stevig op met fiberfill. Naai het lijfje op het hoofdje, tussen R 3 en 7. Borstel het lijfje met de metaalborstel om het pluizig te maken.

VOET (maak 2 stuks)
We maken voor elke voet een grote teen en 3 kleine tenen die we later aan elkaar haken.

Grote teen (in lichtblauw garen)
R 1: haak een magische ring met 6 v [6]
R 2: haak 2 v in v 1, 2, 4, 5 [10]
R 3 t/m 4: haak 10 v [10]
R 5: haak v 1&2, 6&7 samen [8]
Hecht af en laat een eindje garen hangen.

Kleine teen (maak 3 stuks, in lichtblauw garen)
R 1: haak een magische ring met 6 v [6]
R 2 t/m 3: haak 6 v [6]
Hecht af op 2 tenen. Hecht niet af op de derde teen. In de volgende ronde verbinden we 3 kleine tenen en de grote teen met elkaar. Begin op de actieve kleine teen (afbeelding 7).

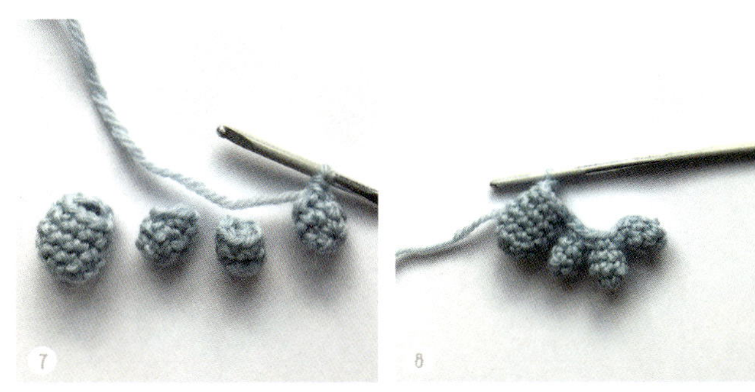
7 8

R 11: haak v 15&16 samen [16]
R 12: haak 2 v in v 7 [17]
R 13: haak v 16&17 samen [16]
R 14: haak 16 v [16]
R 15: haak v 1&2, 5&6, 9&10, 13&14 samen [12]
R 16: haak alle vasten twee per twee samen [6]
De voeten hoeven niet opgevuld te worden. Hecht af en verberg het eindje garen.

R 4: haak 2 v op de tweede kleine teen, haak 2 v op de eerste kleine teen, haak 7 v op de grote teen, haak 2 v op de andere zijde van de eerste kleine teen, haak 2 v op de tweede kleine teen, haak 5 v op de derde kleine teen (afbeelding 8) [20] Naai de gaatjes tussen de tenen dicht met de eindjes garen.
R 5 t/m 7: haak 20 v [20]
R 8: haak v 8&9 samen [19]
R 9: haak v 7&8 samen [18]
R 10: haak v 6&7 samen [17]

BEEN (maak 2 stuks, in wit garen)
Haak 10 l. Haak de ketting lossen tot een cirkel door een hv in de eerste steek van de ketting te haken.
R 1: haak 10 v [10]
R 2: haak v 1&2, 6&7 samen [8]
R 3 t/m 6: haak 8 v [8]
Hecht af en laat een lang stuk garen hangen. Vul de benen stevig op met fiberfill. Naai het been op R 6 van de voet. Naai R 1 van de benen tussen R 7 tot 9 van het lijfje.

Raiko
DE BLIKSEMWOLF

DOOR YARNWAVE (BANGA VAICEKAUSKIENĖ)

Raiko is de trouwe metgezel van de God van de bliksem. Hij houdt van tekenen en lezen en brengt al zijn dagen buiten, al dromend, door. Hij wou ook graag na zonsondergang buiten blijven, en daarom wachtte hij op de volgende grote storm, greep hij een paar bliksemschichten uit de lucht en weefde hij er een halsketting mee. Nu kan hij ook 's nachts verder tekenen en lezen!

Moeilijkheidsgraad: ★★
Grootte: 11 cm (gehaakt met een haaknaald van 2 mm)

Amigurumi-galerij: Scan of bezoek www.amigurumipatterns.net/3213 om foto's te delen of inspiratie te vinden!

MATERIAAL:

2 garen in
- grijs
- wit
- blauw
- lichtgeel
- donkergeel

2 mm haaknaald
Blauwe veiligheidsoogjes (8 mm)
Grijs borduurgaren
Zwart borduurgaren
20 blauwe kralen (1-2 mm in diameter)
Spelden
Stopnaald
Fiberfill

LIJFJE (in grijs garen)

R 1: haak een magische ring met 6 v [6]
R 2: haak 2 v in elke v [12]
R 3: haak 2 v in elke 2e v [18]
R 4: haak 2 v in elke 3e v [24]
R 5: haak 2 v in elke 4e v [30]
R 6: haak 2 v in elke 5e v [36]
R 7: haak 2 v in elke 6e v [42]
R 8: haak 2 v in elke 7e v [48]
R 9 t/m 13: haak 48 v [48]
R 14: haak elke 23e en 24e v samen [46]
R 15: haak elke 22e en 23e v samen [44]
R 16: haak elke 21e en 22e v samen [42]
R 17: haak elke 20e en 21e v samen [40]
R 18: haak elke 19e en 20e v samen [38]
R 19: haak elke 18e en 19e v samen [36]
R 20: haak elke 17e en 18e v samen [34]
R 21: haak elke 16e en 17e v samen [32]
R 22: haak elke 15e en 16e v samen [30]
R 23: haak elke 14e en 15e v samen [28]
R 24: haak 28 v [28]
Hecht af en laat een lang stuk garen hangen.
Vul het lijfje op met fiberfill.

HOOFDJE (in wit garen)

R 1: haak een magische ring met 6 v [6]
R 2: haak 2 v in elke v [12]
R 3: haak 2 v in elke 2e v [18]
R 4: haak 2 v in elke 3e v [24]
R 5: haak 2 v in elke 4e v [30]
R 6: haak 2 v in elke 5e v [36]
R 7: haak 2 v in elke 6e v [42]
R 8: haak 2 v in elke 7e v [48]
R 9: haak 2 v in elke 8e v [54]
R 10: haak 2 v in elke 9e v [60]
R 11 t/m 17: haak 60 v [60]
R 18: haak elke 9e en 10e v samen [54]
R 19: haak elke 8e en 9e v samen [48]
R 20: haak elke 7e en 8e v samen [42]
Plaats de veiligheidsoogjes tussen R 15 en 16, met 9 steken tussen beide.
R 21: haak elke 6e en 7e v samen [36]
R 22: haak elke 5e en 6e v samen [30]
R 23: haak elke 4e en 5e v samen [24]
Vul het hoofdje op met fiberfill en blijf vullen naarmate je verder haakt.
R 24: haak elke 3e en 4e v samen [18]
R 25: haak elke 2e en 3e v samen [12]
R 26: haak alle vasten twee per twee samen [6]
Hecht af en verberg de eindjes garen.

SNUIT (in wit garen)

R 1: haak een magische ring met 6 v [6]
R 2: haak 2 v in elke v [12]
R 3: haak 2 v in elke 3e v [16]
R 4 t/m 5: haak 16 v [16]
R 6: haak 2 v in elke 4e v [20]
Hecht af en laat een lang stuk garen hangen.

HOOFDCOVER (in grijs garen)
R 1: haak een magische ring met 6 v [6]
R 2: haak 2 v in elke v [12]
R 3: haak 2 v in elke 2e v [18]
R 4: haak 2 v in elke 3e v [24]
R 5: haak 2 v in elke 4e v [30]
R 6: haak 2 v in elke 5e v [36]
R 7: haak 2 v in elke 6e v [42]
R 8: haak 2 v in elke 7e v [48]
R 9: haak 2 v in elke 8e v [54]
R 10: haak 2 v in elke 9e v [60]
R 11 t/m 18: haak 60 v [60]
R 19: haak elke 9e en 10e v samen [54]
Haak een hv in de volgende steek. Hecht af en verberg de eindjes garen.

SNUITCOVER (in grijs garen)
Haak 5 l. Haak in rijen.
Rij 1: sla de eerste steek over, begin in de tweede steek, haak 4 v, haak 1 keerlosse, draai je haakwerk om [4]
Rij 2 t/m 3: haak 4 v, haak 1 keerlosse, draai je haakwerk om [4]
Rij 4: haak 2 v in v 2, 4, haak 1 keerlosse, draai je haakwerk om [6]
Rij 5: haak 2 v in v 2, 5, haak 1 keerlosse, draai je haakwerk om [8]
Rij 6: haak 8 v, haak 1 keerlosse, draai je haakwerk om [8]
Rij 7: haak 2 v in v 3, 7, haak 1 keerlosse, draai je haakwerk om [10]
Rij 8: haak 10 v, haak 1 keerlosse, draai je haakwerk om [10]
Rij 9: haak 2 v in v 3, 8, haak 1 keerlosse, draai je haakwerk om [12]
Rij 10: haak 12 v, haak 1 keerlosse, draai je haakwerk om [12]
Rij 11: haak 2 v in v 4, 10, haak 1 keerlosse, draai je haakwerk om [14]
Rij 12: haak 14 v [14]
Hecht af en laat een lang stuk garen hangen. Borduur vlekken op de cover met wit borduurgaren (afbeelding 1).

BINNENOOR (maak 2 stuks, in wit garen)
Haak 2 l. Haak in rijen.
Rij 1: sla de eerste steek over, begin in de tweede steek, haak 2 v in deze steek, haak 1 keerlosse, draai je haakwerk om [2]
Rij 2: haak 2 v in v 2, haak 1 keerlosse, draai je haakwerk om [3]
Rij 3: haak 2 v in v 3 [4]
Hecht af en verberg de eindjes garen.

BUITENOOR (maak 2 stuks, in grijs garen)
Haak 2 l. Haak in rijen.

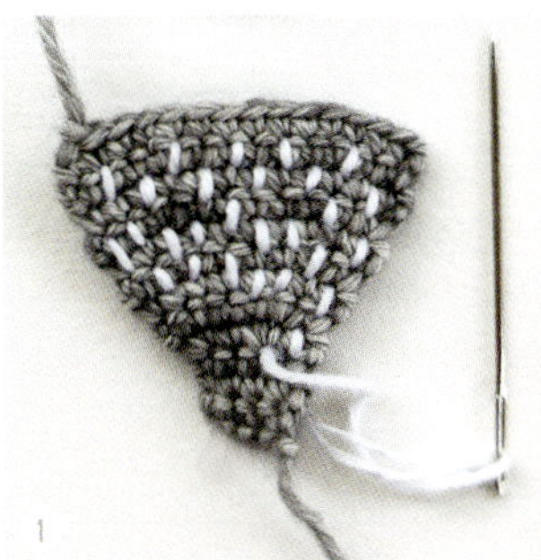
1

2

3

4

Rij 1: sla de eerste steek over, begin in de tweede steek, haak 2 v in deze steek, haak 1 keerlosse, draai je haakwerk om [2]
Rij 2: haak 2 v in v 2, haak 1 keerlosse, draai je haakwerk om [3]
Rij 3: haak 2 v in v 3, haak 1 keerlosse, draai je haakwerk om [4]
In de volgende ronde verbinden we het binnen- en het buitenoor met elkaar. Plaats het binnenoor op het buitenoor met de steken op één lijn en haak de volgende rij door beide delen.
Rij 4: haak 3 v, haak 3 v in de volgende steek. Haak verder op de andere zijde, haak 2 v, haak 3 v in de volgende steek. Haak verder op de andere zijde, haak 2 v, haak 2 v in de volgende steek [15] (afbeeldingen 2-3)
R 5: haak 1 l, haak 4 v, haak 3 v in de volgende steek, haak 4 v, haak 2 v in de volgende steek [13] Maak deze ronde niet verder af.
Hecht af en laat een lang stuk garen hangen.
Borduur de puntjes van de oren met een paar lusjes blauw garen (afbeelding 4).

ACHTERPOOT (maak 2 stuks, begin in wit garen)

R 1: haak een magische ring met 6 v [6]
R 2: haak 2 v in elke v [12]
R 3: haak 2 v in elke 2e v [18]
R 4: haak 2 v in elke 3e v [24]
R 5 t/m 6: haak 24 v [24]
Wissel naar blauw garen.
R 7: (haak 1 v, wissel naar wit garen, haak 1 v, wissel naar blauw garen) doe dit 12 keer [24] (afbeelding 5)
Haak verder in blauw garen.
R 8: haak 24 v [24]
Wissel naar lichtgeel garen.
R 9: haak 24 v [24]
Wissel naar grijs garen.
R 10 t/m 13: haak 24 v [24]
R 14: haak 2 v in elke 4e v [30]
Hecht af en laat een lang stuk garen hangen. Vul de achterpoot stevig op met fiberfill.

VOORPOOT (maak 2 stuks, begin in wit garen)

R 1: haak een magische ring met 6 v [6]
R 2: haak 2 v in elke v [12]
R 3: haak 2 v in elke 2e v [18]
R 4 t/m 5: haak 18 v [18]
Wissel naar blauw garen.

5

R 6: (haak 1 v, wissel naar wit garen, haak 1 v, wissel naar blauw garen) doe dit 9 keer [18]
Haak verder in blauw garen.
R 7: haak 18 v [18]
Wissel naar lichtgeel garen.
R 8: haak 18 v [18]
Wissel naar grijs garen.
R 9 t/m 10: haak 18 v [18]
R 11: haak v 9&10 samen [17]
R 12: haak v 16&17 samen [16]
R 13: haak v 8&9 samen [15]
R 14: haak v 14&15 samen [14]
R 15: haak v 7&8 samen [13]
R 16: haak v 12&13 samen [12]
R 17 t/m 22: haak 12 v [12]
Vul de voorpoot stevig op met fiberfill.

R 23: haak alle vasten twee per twee samen [6]
Hecht af en laat een lang stuk garen hangen.

STAART (begin in wit garen)
R 1: haak een magische ring met 6 v [6]
R 2: haak 2 v in elke 2e v [9]
R 3: haak 2 v in elke 3e v [12]
R 4: haak 2 v in elke 4e v [15]
R 5: haak 2 v in elke 5e v [18]
R 6: haak 2 v in elke 6e v [21]
R 7: haak 2 v in elke 7e v [24]
R 8: haak 2 v in elke 8e v [27]
R 9: haak 2 v in elke 9e v [30]
Wissel naar blauw garen.
R 10: (haak 1 v, wissel naar wit garen, haak 1 v, wissel naar blauw garen) doe dit 15 keer [30]
Haak verder in blauw garen.
R 11: haak 30 v [30]
Wissel naar lichtgeel garen.
R 12: haak 30 v [30]
Wissel naar grijs garen.
R 13 t/m 16: haak 30 v [30]
R 17: haak elke 4e en 5e v samen [24]
R 18: haak elke 3e en 4e v samen [18]
Vul de staart stevig op met fiberfill.
R 19: haak elke 2e en 3e v samen [12]

6

7

8

9

R 20: haak alle vasten twee per twee samen [6]
Hecht af en laat een lang stuk garen hangen.

BLIKSEMSCHICHT (maak 5 stuks in lichtgeel en 5 stuks in donkergeel garen)

Haak 14 l. Haak in rijen.
Rij 1: sla de eerste steek over, begin in de tweede steek, haak 1 hv, haak 2 v, haak 2 hst, haak 3 hst in de volgende steek, haak 2 hst, sla de volgende 2 steken over, haak 2 hst, haak 2 v in de laatste steek [14]
Hecht af en verberg de eindjes garen. Block of span de bliksemschichten indien nodig op. Neem een stuk lichtgeel garen, de kralen en de bliksemschichten. Gebruik een naald en rijg een donkergele bliksemschicht, 2 kralen, een lichtgele bliksemschicht en 2 kralen aan elkaar (afbeelding 6). Werk zo verder tot je alle bliksemschichten hebt gebruikt.

AFWERKING

- Plaats de snuit tussen de oogjes met de bovenzijde tussen R 15 en 16 (op één lijn met de ogen). Speld en naai de snuit vast. Voeg eventueel meer fiberfill toe tijdens het naaien.
- Plaats de snuitcover op de snuit met het smalle deel op R 2 van de snuit. Zorg ervoor dat de cover in het midden van het gezicht zit en speld hem vast (afbeelding 7). Plaats het hoofd in de hoofdcover, met de bovenzijde boven de snuitcover. Let erop dat de ruimte tussen de oogjes en de hoofdcover op R 16 even groot is langs weerszijden en speld de hoofdcover vast. Naai beide covers vast met grijs borduurgaren (afbeelding 8).
- Borduur de neus in het midden van de snuit met zwart borduurgaren (afbeelding 9).

10

11

12

- Plaats de oren op R 13-15 van de hoofdcover, met 10 steken tussen beide. Speld en naai ze vast (afbeelding 10).
- Plaats het hoofdje op het lijfje. Speld en naai het vast en voeg eventueel meer fiberfill toe tijdens het naaien.

- Markeer het midden van het buikje met spelden. Plaats de benen aan weerszijden van het lijfje. De onderzijden komen op R 6 en de bovenzijden op R 14. Tussen de benen en het midden van het buikje tel je telkens 4 steken (in totaal tel je dus 8 steken). Verwijder de spelden in het buikje. Speld en naai de benen vast, en voeg eventueel meer fiberfill toe tijdens het naaien (afbeelding 11).
- Plaats de voorpoten net onder de nek aan weerszijden van het lijfje. Speld en naai ze vast (afbeelding 12).
- Naai de staart op de achterkant van het lijfje, in het midden van R 7.
- Plaats de bliksemketting rond de nek van je wolf en maak een knoopje op de rug. Naai de ketting aan het lijfje met een paar steekjes en verberg de eindjes garen.

Devon & Devin

DE DRAKEN

DOOR KHUC CAY (HOANG THI NGOC ANH)

Mama Draak is drakentrots op haar baby'tjes Devon en Devin. Ze slapen overdag graag naast elkaar in hun bedje van gouden muntjes, maar als de zon ondergaat, hebben ze plots energie te veel, en dan vliegen ze elkaar urenlang achterna. Ze maken het hun ouders niet altijd gemakkelijk, maar één blik op hun guitige gezichtjes is al het goud van de wereld waard!

Moeilijkheidsgraad: ★
Grootte: 26 cm (gehaakt met een haaknaald van 2,75 mm)

Amigurumi-galerij: Scan of bezoek www.amigurumipatterns.net/3214 om foto's te delen of inspiratie te vinden!

MATERIAAL:
Devon
3 garen in
- lichtblauw
- blauw
- wit

Devin
3 garen in
- lichtgroen
- groen
- roze

2,75 mm haaknaald
Veiligheidsoogjes (9 mm)
Zwart borduurgaren
Stopnaald
Fiberfill
Optioneel: roze make-upblush

HOOFDJE (in lichtblauw / lichtgroen garen)
R 1: haak een magische ring met 8 v [8]
R 2: haak 2 v in elke v [16]
R 3: haak 2 v in elke 2e v [24]
R 4: haak 2 v in elke 3e v [32]
R 5: haak 2 v in elke 4e v [40]
R 6: haak 2 v in elke 5e v [48]
R 7: haak 48 v [48]
R 8: haak 2 v in elke 8e v [54]
R 9 t/m 16: haak 54 v [54]
R 17: haak 2 v in elke 9e v [60]
R 18 t/m 20: haak 60 v [60]
R 21: haak 2 v in elke 10e v [66]
R 22: haak elke 10e en 11e v samen [60]
R 23: haak v 4&5, 14&15, 24&25, 34&35, 44&45, 54&55 samen [54]
R 24: haak elke 8e en 9e v samen [48]
R 25: haak v 3&4, 11&12, 19&20, 27&28, 35&36, 43&44 samen [42]
R 26: haak elke 6e en 7e v samen [36]
R 27: haak elke 5e en 6e v samen [30]
Haak een hv in de volgende steek. Hecht af en laat een lang stuk garen hangen. Plaats de veiligheidsoogjes tussen R 18 en 19, met 10 steken tussen beide. Vul het hoofdje stevig op met fiberfill. Borduur de neus tussen de ogen met wit/roze garen, de neus is 2 steken breed. Als je liever slaperige oogjes hebt, borduur ze dan met zwart borduurgaren tussen R 17-18. Tussen de binnenste hoeken van de ogen tel je 7 steken.

LIJFJE (begin in lichtblauw / lichtgroen garen)
Devon's lijfje wordt gehaakt met verschillende kleuren. De kleurwissel staat telkens cursief aangegeven. Voor Devin haken we het volledige lijfje in dezelfde kleur.
R 1: haak een magische ring met 8 v [8]
R 2: haak 2 v in elke v [16]
R 3: haak 2 v in elke 2e v [24]
R 4: haak 2 v in elke 3e v [32]

R 5: haak 2 v in elke 4e v [40]
R 6: haak 2 v in elke 5e v [48]
R 7: haak 2 v in v 3, 6, 9, 12 [52]
R 8 t/m 12: haak 52 v [52]
R 13: haak 4 v, *(wit)* haak 10 v, *(lichtblauw)* haak 38 v [52]
R 14: haak 2 v, *(wit)* (haak de volgende 2 steken samen, haak 2 v) doe dit 3 keer, haak de volgende 2 steken samen, *(lichtblauw)* haak 36 v [48]
R 15 t/m 17: haak 1 v, *(wit)* haak 12 v, *(lichtblauw)* haak 35 v [48]
R 18: haak 1 v, *(wit)* haak 5 v, haak de volgende 2 steken samen, haak 5 v, *(lichtblauw)* haak 1 v, haak de volgende 2 steken samen, (haak 6 v, haak de volgende 2 steken samen) doe dit 4 keer [42]
R 19 t/m 20: haak 1 v, *(wit)* haak 11 v, *(lichtblauw)* haak 30 v [42]
R 21: haak 2 v, *(wit)* haak 9 v, *(lichtblauw)* haak 31 v [42]
R 22: haak 3 v, *(wit)* haak 2 v, haak de volgende 2 steken samen, haak 3 v, *(lichtblauw)* haak 2 v, haak de volgende 2 steken samen, (haak 5 v, haak de volgende 2 steken samen) doe dit 4 keer [36]
R 23 t/m 25: haak 36 v [36]
R 26: haak elke 5e en 6e v samen [30]
Haak een hv in de volgende steek. Hecht af en laat een lang stuk garen hangen. Vul het lijfje stevig op met fiberfill.

ARM (maak 2 stuks, in lichtblauw / lichtgroen garen)
R 1: haak een magische ring met 8 v [8]
R 2: haak 2 v in elke 2e v [12]
R 3: haak 12 v [12]
R 4: haak 2 v in elke 4e v [15]
R 5 t/m 9: haak 6 v, haak 2 v in de volgende steek, haak 6 v, haak de volgende 2 steken samen [15]
R 10 t/m 11: haak 15 v [15]

Vul de arm lichtjes op met fiberfill. Vouw de arm dicht en haak de volgende ronde door beide zijden om de opening te sluiten.

R 12: haak 7 v [7]

Hecht af en laat een lang stuk garen hangen.

BEEN (maak 2 stuks, in lichtblauw / lichtgroen garen)

R 1: haak een magische ring met 8 v [8]

R 2: haak 2 v in elke v [16]

R 3: haak 2 v in elke 4e v [20]

R 4 t/m 10: haak 20 v [20]

R 11: haak elke 4e en 5e v samen [16]

Vul het been lichtjes op met fiberfill. Vouw het been dicht en haak de volgende ronde door beide zijden om de opening te sluiten.

R 12: haak 8 v [8]

Hecht af en laat een lang stuk garen hangen. Borduur 3 lijntjes op R 2 van het been met zwart borduurgaren.

VLEUGEL (maak 2 stuks, in blauw / groen garen)

R 1: haak een magische ring met 6 v [6]

R 2: haak 2 v in elke 3e v [8]

R 3: haak 2 v in elke 2e v [12]

R 4: haak 2 v in elke 3e v [16]

R 5: haak 2 v in elke 4e v [20]

R 6: haak 2 v in elke 5e v [24]

R 7: haak 2 v in elke 6e v [28]

R 8: haak 2 v in elke 7e v [32]

R 9: haak 2 v in elke 8e v [36]

R 10: haak 2 v in elke 9e v [40]

De vleugels hoeven niet opgevuld te worden. Vouw de vleugel dicht en haak de volgende ronde door beide zijden om de opening te sluiten.

R 11: haak 20 v [20]

Hecht af en laat een lang stuk garen hangen.

STAART (in lichtblauw / lichtgroen garen)

R 1: haak een magische ring met 6 v [6]

R 2: haak 2 v in elke 3e v [8]

R 3: haak 2 v in elke 4e v [10]

R 4: haak 10 v [10]

R 5: haak 2 v in elke 5e v [12]

R 6: haak 2 v in elke 6e v [14]

R 7 t/m 8: haak 14 v [14]

R 9: haak 2 v in elke 7e v [16]

R 10 t/m 11: haak 16 v [16]

R 12: haak 2 v in elke 8e v [18]

R 13 t/m 14: haak 18 v [18]

R 15: haak 2 v in elke 9e v [20]

1

2

3

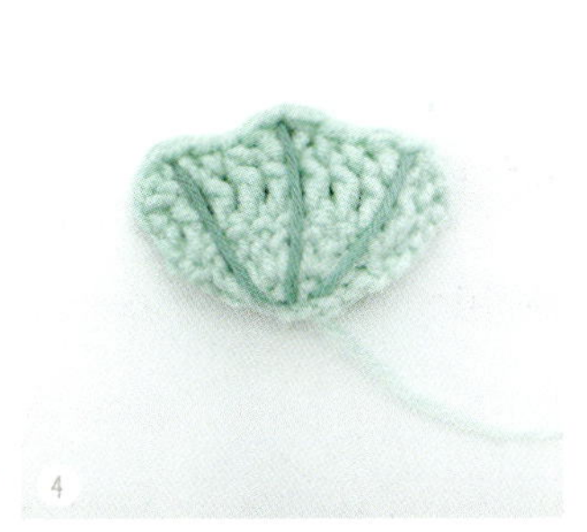
4

R 16 t/m 20: haak 20 v [20]
R 21: haak 2 v in elke 10e v [22]
R 22 t/m 29: haak 22 v [22]
Vul de staart lichtjes op met fiberfill. Vouw de staart dicht en haak de volgende ronde door beide zijden om de opening te sluiten.
R 30: haak 11 v [11]
Hecht af en laat een lang stuk garen hangen.

OOR (maak 2 stuks, in lichtblauw / lichtgroen garen)
Haak 7 l. Haak in rijen.
Rij 1: sla de eerste steek over, begin in de tweede steek, haak 6 v, haak 3 keerlossen, draai je haakwerk om [6]
Rij 2: haak 3 st in de volgende 6 steken, haak 3 keerlossen, draai je haakwerk om [18]
Rij 3: haak 18 st [18]
Vouw het oor dicht en haak de volgende rij door beide zijden om de opening te sluiten (afbeelding 1).
Rij 4: (haak 1 v, haak 1 st, haak 1 l, haak 1 st in dezelfde steek, haak 1 v) doe dit 3 keer [15]
Hecht af en laat een lang stuk garen hangen. Breng het eindje garen naar buiten in de eerste rij (afbeelding 2), neem het op je stopnaald en naai de open zijde van het oor dicht (afbeelding 3). Laat een eindje garen hangen. Borduur rechte lijnen op het oor met blauw / groen garen (afbeelding 4).

HOORN (maak 2 stuks, in wit / roze garen)
R 1: haak een magische ring met 6 v [6]
R 2: haak 2 v in elke 3e v[8]
R 3: haak 8 v [8]
R 4: haak 2 v in elke 4e v [10]
R 5: haak 2 v in elke 5e v [12]
Haak een hv in de volgende steek. Hecht af en laat een lang stuk garen hangen. De hoorns hoeven niet opgevuld te worden.

KLEINE VLEK (in blauw / groen garen)

Eerste vlek
R 1: haak een magische ring met 6 v [6]
Haak een hv in de volgende steek. Hecht af en laat een lang stuk garen hangen.

Tweede vlek
R 1: haak een magische ring met 8 v [8]
Haak een hv in de volgende steek. Hecht af en laat een lang stuk garen hangen.

Derde vlek
R 1: haak een magische ring met 10 v [10]
Haak een hv in de volgende steek. Hecht af en laat een lang stuk garen hangen.

AFWERKING

- Naai de hoorns op R 4 tot 6 van het hoofdje.
- Naai de oren aan weerszijden van het hoofdje, 5 rondes onder de hoorns.
- Naai de kleine vlekken op het hoofdje (afbeelding 5).
- Borduur lange strepen op het (witte) buikje met blauw / groen garen (afbeelding 6).
- Naai het hoofdje op het lijfje, en zorg ervoor dat het (witte) buikje op één lijn zit met het gezicht.
- Positioneer de armen aan weerszijden van het lijfje, met de minderingen naar boven gericht. De bovenste hoek komt tussen R 24-25 van het lijfje en de onderste hoek komt tussen R 16-17 (afbeelding 7). Naai ze vast. Borduur 3 lijntjes op R 2 van de arm met zwart borduurgaren (afbeelding 8). Naai de handen aan het lijfje (afbeelding 9).
- Positioneer de benen aan weerszijden van het lijfje. De bovenste hoek komt tussen R 12-13 van het lijfje en de onderste hoek komt tussen R 6-7 (afbeelding 10). Naai ze vast en naai de voeten aan het lijfje (afbeelding 11).
- Positioneer de vleugels op de rug, op R 18 tot 25 van het lijfje. Tussen de bovenste hoeken tel je 8 steken (afbeelding 12).
- Naai de staart op het midden van de rug, tussen R 6 en 7.
- Optioneel: geef de wangen een beetje kleur met roze make-upblush.

Medusa

DOOR MADELENÓN (SOLEDAD IGLESIAS SILVA)

Medusa was erg gelukkig toen ze een baan kreeg in de tempel van Athena, maar een reeks tegenslagen (met inmenging van de andere goden) raakte haar hard. Ze wankelde even, maar Medusa laat zich niet zo snel uit haar lood slaan. Ze richtte een hulpgroep op voor vrouwen die ook niet de beste mens-goden-ervaringen hebben gehad. Deze groep geeft haar elke dag energie en motiveert haar om te blijven vechten voor verandering.

Moeilijkheidsgraad: ★★★★
Grootte: 28 cm (gehaakt met een haaknaald van 2.5 mm)

Amigurumi-galerij: Scan of bezoek www.amigurumipatterns.net/3205 om foto's te delen of inspiratie te vinden!

MATERIAAL:

garen in
- lichtgroen
- donkergroen
- grasgroen
- geel
- roze (restje)
- zwart (restje)

2.5 mm haaknaald
Veiligheidsoogjes (6 mm)
Stopnaald
Spelden
Markeerringen
Fiberfill

STAART (in donkergroen garen)

R 1: haak een magische ring met 6 v [6]
R 2: haak 2 v in elke 2e v [9]
R 3: haak 9 v [9]
R 4: haak 2 v in elke 3e v [12]
R 5: haak 12 v [12]
R 6: haak 2 v in elke 2e v [18]
R 7: haak 18 v [18]
R 8: haak 2 v in elke 3e v [24]
R 9: haak 24 v, draai je haakwerk om [24]
Haak verder in rijen (afbeelding 1).
Rij 10: sla de eerste steek over, haak 12 v, draai je haakwerk om [12]
Rij 11: sla de eerste steek over, haak 10 v, draai je haakwerk om [10]
Rij 12: sla de eerste steek over, haak 8 v, draai je haakwerk om [8]
Rij 13: sla de eerste steek over, haak 6 v, draai je haakwerk om [6]
Rij 14: sla de eerste steek over, haak 4 v, draai je haakwerk om [4]
Haak verder in rondes. In de volgende ronde werken we langs de schuine zijdes.
R 15: sla de eerste steek over, haak 1 v (markeer deze steek, dit is het nieuwe begin van de ronde), haak 2 v, haak 4 v (langs de zijde), haak 12 v, haak 5 v (langs de andere zijde) [24]
Vul de staart op met fiberfill en blijf vullen naarmate je verder haakt.
R 16 t/m 17: haak 24 v [24]
Haak verder in rijen.
Rij 18: haak 8 v, draai je haakwerk om [8]
Rij 19: sla de eerste steek over, haak 16 v, draai je haakwerk om [16]
Rij 20: sla de eerste steek over, haak 14 v, draai je haakwerk om [14]
Rij 21: sla de eerste steek over, haak 12 v, draai je haakwerk om [12]
Rij 22: sla de eerste steek over, haak 10 v, draai je haakwerk om [10]
Rij 23: sla de eerste steek over, haak 8 v, draai je haakwerk om [8]
Rij 24: sla de eerste steek over, haak 6 v, draai je haakwerk om [6]
Rij 25: sla de eerste steek over, haak 4 v, draai je haakwerk om [4]
Rij 26: sla de eerste steek over, haak 2 v [2]
Haak verder in rondes. In de volgende ronde werken we langs de de schuine zijdes.
R 27: haak 1 v (markeer deze steek, dit is het nieuwe begin van de ronde), haak 7 v (langs de zijde), haak 6 v, haak 8 v (langs de andere zijde), haak 2 v [24]
R 28 t/m 31: haak 24 v [24]
R 32: haak 2 v in elke 4e v [30]
R 33 t/m 34: haak 30 v [30]
Haak verder in rijen.
Rij 35: haak 27 v, draai je haakwerk om [27]
Rij 36: sla de eerste steek over, haak 22 v, draai je haakwerk om [22]

Rij 37: sla de eerste steek over, haak 20 v, draai je haakwerk om [20]
Rij 38: sla de eerste steek over, haak 18 v, draai je haakwerk om [18]
Rij 39: sla de eerste steek over, haak 16 v, draai je haakwerk om [16]
Rij 40: sla de eerste steek over, haak 14 v, draai je haakwerk om [14]
Rij 41: sla de eerste steek over, haak 12 v, draai je haakwerk om [12]
Rij 42: sla de eerste steek over, haak 10 v, draai je haakwerk om [10]
Rij 43: sla de eerste steek over, haak 8 v, draai je haakwerk om [8]

Rij 44: sla de eerste steek over, haak 6 v, draai je haakwerk om [6]
Rij 45: sla de eerste steek over, haak 4 v [4]
Haak verder in rondes. In de volgende ronde werken we langs de schuine zijdes.
R 46: haak 1 v (markeer deze steek, dit is het nieuwe begin van de ronde), haak 9 v (langs de zijde), haak 8 v, haak 9 v (langs de andere zijde), haak 3 v [30]
R 47 t/m 49: haak 30 v [30]
R 50: haak 2 v in elke 5e v [36]
R 51 t/m 52: haak 36 v [36]
Haak verder in rijen.
Rij 53: haak 33 v, draai je haakwerk om [33]
Rij 54: sla de eerste steek over, haak 28 v, draai je haakwerk om [28]
Rij 55: sla de eerste steek over, haak 26 v, draai je haakwerk om [26]
Rij 56: sla de eerste steek over, haak 24 v, draai je haakwerk om [24]
Rij 57: sla de eerste steek over, haak 22 v, draai je haakwerk om [22]
Rij 58: sla de eerste steek over, haak 20 v, draai je haakwerk om [20]
Rij 59: sla de eerste steek over, haak 18 v, draai je haakwerk om [18]
Rij 60: sla de eerste steek over, haak 16 v, draai je haakwerk om [16]
Rij 61: sla de eerste steek over, haak 14 v, draai je haakwerk om [14]
Rij 62: sla de eerste steek over, haak 12 v, draai je haakwerk om [12]
Rij 63: sla de eerste steek over, haak 10 v, draai je haakwerk om [10]
Rij 64: sla de eerste steek over, haak 8 v, draai je haakwerk om [8]
Rij 65: sla de eerste steek over, haak 6 v, draai je

1

2

3

haakwerk om [6]
Rij 66: sla de eerste steek over, haak 4 v, draai je haakwerk om [4]
Haak verder in rondes. In de volgende ronde werken we langs de schuine zijdes.
R67: sla de eerste steek over, haak 1 v (markeer deze steek, dit is het nieuwe begin van de ronde), haak 2 v, haak 13 v (langs de zijde), haak 7 v, haak 13 v (langs de andere zijde) [36]
R 68 t/m 70: haak 36 v [36]
R 71: haak 2 v in elke 6e v [42]
R 72 t/m 73: haak 42 v [42]
Haak verder in rijen.
Rij 74: haak 16 v, draai je haakwerk om [16]
Rij 75: sla de eerste steek over, haak 34 v, draai je haakwerk om [34]
Rij 76: sla de eerste steek over, haak 32 v, draai je haakwerk om [32]
Rij 77: sla de eerste steek over, haak 30 v, draai je haakwerk om [30]
Rij 78: sla de eerste steek over, haak 28 v, draai je haakwerk om [28]
Rij 79: sla de eerste steek over, haak 26 v, draai je haakwerk om [26]
Rij 80: sla de eerste steek over, haak 24 v, draai je haakwerk om [24]
Rij 81: sla de eerste steek over, haak 22 v, draai je haakwerk om [22]
Rij 82: sla de eerste steek over, haak 20 v, draai je haakwerk om [20]
Rij 83: sla de eerste steek over, haak 18 v, draai je haakwerk om [18]
Rij 84: sla de eerste steek over, haak 16 v, draai je haakwerk om [16]
Rij 85: sla de eerste steek over, haak 14 v, draai je haakwerk om [14]
Rij 86: sla de eerste steek over, haak 12 v, draai je haakwerk om [12]
Rij 87: sla de eerste steek over, haak 10 v, draai je haakwerk om [10]
Rij 88: sla de eerste steek over, haak 8 v [8]
Haak verder in rondes. In de volgende ronde werken we langs de schuine zijdes.
R 89: haak 1 v (markeer deze steek, dit is het nieuwe begin van de ronde), haak 13 v (langs de zijde), haak 7 v, haak 13 v (langs de andere zijde), haak 8 v [42]
R 90 t/m 92: haak 42 v [42]
Hecht af en laat een lang stuk garen hangen (afbeelding 2).

ARM (maak 2 stuks, in lichtgroen garen)
R 1: haak een magische ring met 6 v [6]
R 2: haak 2 v in elke v [12]
R 3: haak 2 v in elke 2e v [18]
R 4 t/m 22: haak 18 v [18]
Hecht af en verberg de eindjes garen.

LIJF EN HOOFDJE (in donkergroen garen)

R 1: haak een magische ring met 6 v [6]
R 2: haak 2 v in elke v [12]
R 3: haak 2 v in elke 2e v [18]
R 4: haak 2 v in elke 3e v [24]
R 5: haak 2 v in elke 4e v [30]
R 6: haak 2 v in elke 5e v [36]
R 7: haak 2 v in elke 6e v [42]
R 8: haak 2 v in elke 7e v [48]
R 9: haak 2 v in elke 8e v [54]
R 10: haak 2 v in elke 9e v [60]
R 11: haak 2 v in elke 10e v [66]
R 12: haak 2 v in elke 11e v [72]
R 13 t/m 22: haak 72 v [72]
R 23: haak elke 11e en 12e v samen [66]
R 24: haak 66 v [66]
R 25: haak elke 10e en 11e v samen [60]
R 26: haak 60 v [60]
Wissel naar lichtgroen garen.
R 27 t/m 28: haak 60 v [60]
R 29: haak 30 v, haak een nop met 4 stokjes in de volgende steek, haak 29 v [60]
R 30 t/m 31: haak 60 v [60]
Wissel naar geel garen.
R 32: haak 60 v [60]
R 33: haak deze ronde enkel in de achterste lus, haak 60 v [60]
R 34 t/m 36: haak 60 v [60] (afbeelding 3)
In de volgende ronde verbinden we R 22 van de armen met R 36 van het lijfje. Let er op dat de navel in het midden zit. Corrigeer de positie van de armen indien nodig.
R 37: haak 13 v, haak de volgende 3 steken van R 36 (van het lijfje) en R 22 (van de arm) samen in een mindering (afbeeldingen 4-5), haak 28 v steken op het lijfje, haak de volgende 3 steken van R 36 (van het lijfje) en R 22 (van de andere arm) samen in een mindering (afbeelding 6), haak 13 v op het lijfje [56]
Wissel naar lichtgroen garen.
R 38: haak 13 v enkel in de achterste lus, haak 15 v in beide lussen in de overblijvende steken op R 22 van de

arm, haak 28 v enkel in de achterste lus, haak 15 v in beide lussen in de overblijvende steken op R 22 van de andere arm, haak 13 v enkel in de achterste lus (afbeelding 7) [84]
Verwijder de lus lichtgroen garen van je haaknaald, maar hecht niet af. We nemen deze lus later terug op onze haaknaald om R 39 te haken.
Haak nu de onderste en bovenste versiering voor je verder werkt op het lijfje.

Onderste versiering

Haal een lus geel garen naar boven in de voorste lus van de middenste steek van R 32 op de rug (afbeelding 8).
Haak de volgende ronde enkel in de voorste lus.
R 1: haak 60 v [60]
Hecht af en verberg de eindjes garen.

Bovenste versiering

Haal een lus geel garen naar boven in de voorste lus van de middenste steek van R 37 op de rug (afbeelding 9).
Haak de volgende ronde enkel in de voorste lus.
R 1: haak 13 v, haak 15 l, haak 3 v, haak 1 hst, haak 2 st, haak 3 st in de volgende steek, haak 2 st, haak 1 hst, haak 1 v, (haak de volgende 3 steken samen) doe dit 2 keer, haak 1 v, haak 1 hst, haak 2 st, haak 3 st in de volgende steek, haak 2 st, haak 1 hst, haak 3 v, haak 15 l, haak 13 v [54]
Hecht af en verberg de eindjes garen (afbeelding 10).

Werk verder aan het lijfje:
R 39: haak elke 13e en 14e v samen [78]
R 40: haak elke 12e en 13e v samen [72]
R 41: haak elke 11e en 12e v samen [66]
R 42: haak elke 10e en 11e v samen [60]
R 43: haak elke 9e en 10e v samen [54]
R 44: haak elke 8e en 9e v samen [48]
Vul het lijfje en de armen op met fiberfill.
R 45: haak elke 7e en 8e v samen [42]
R 46: haak elke 6e en 7e v samen [36]
R 47: haak elke 5e en 6e v samen [30]
R 48: haak elke 4e en 5e v samen [24]
R 49 t/m 51: haak 24 v [24]
R 52: haak 2 v in elke 4e v [30]
R 53: haak 2 v in elke 5e v [36]
R 54: haak 2 v in elke 6e v [42]
R 55: haak 2 v in elke 7e v [48]
R 56: haak 2 v in elke 8e v [54]
R 57: haak 2 v in elke 9e v [60]
R 58: haak 2 v in elke 10e v [66]
R 59: haak 2 v in elke 11e v [72]
R 60 t/m 72: haak 72 v [72]

12

13

Plaats de veiligheidsoogjes tussen R 59 en 60, met 12 steken tussen beide. Borduur de wangen met roze garen (afbeelding 11). Vul het lijfje verder op met fiberfill en blijf vullen naarmate je verder haakt.
R 73: haak elke 11e en 12e v samen [66]
R 74: haak elke 10e en 11e v samen [60]
R 75: haak elke 9e en 10e v samen [54]
R 76: haak elke 8e en 9e v samen [48]
R 77: haak elke 7e en 8e v samen [42]
R 78: haak elke 6e en 7e v samen [36]
R 79: haak elke 5e en 6e v samen [30]
R 80: haak elke 4e en 5e v samen [24]
R 81: haak elke 3e en 4e v samen [18]
R 82: haak elke 2e en 3e v samen [12]
R 83: haak alle vasten twee per twee samen [6]
Hecht af en laat een stuk garen hangen. Neem het overblijvende stukje garen op je stopnaald. Haal het garen door de overblijvende steken en trek het aan om het laatste gaatje te sluiten. Verberg het eindje garen.

RIEM (in geel garen)
Haak 61 l. Haak in rijen.
Rij 1: sla de eerste steek over, begin in de tweede steek, haak 10 v, haak 10 hst, haak 9 st, haak 3 st in de volgende steek, haak 3 l, haak 3 st in de volgende steek, haak 9 st, haak 10 hst, haak 10 v [64 + 3 l]
Hecht af en laat een lang stuk garen hangen. Naai de riem op de kleurwissel op het lijfje.

HAAR (in grasgroen garen)
R 1: haak een magische ring met 6 v [6]
R 2: haak 2 v in elke v [12]
R 3: haak 2 v in elke 2e v [18]
R 4: haak 2 v in elke 3e v [24]
R 5: haak 2 v in elke 4e v [30]
R 6: haak 2 v in elke 5e v [36]
R 7: haak 2 v in elke 6e v [42]
R 8: haak 2 v in elke 7e v [48]
R 9: haak 2 v in elke 8e v [54]
R 10: haak 2 v in elke 9e v [60]
R 11: haak 2 v in elke 10e v [66]
R 12: haak 2 v in elke 11e v [72]
R 13 t/m 16: haak 72 v [72]
Haak verder in rijen.
Rij 17: haak 1 hv, draai je haakwerk om, sla de hv die je net maakte over, haak 23 v, haak 1 hv, haak 1 keerlosse, draai je haakwerk om [24]
Rij 18: sla de hv over, haak 23 v, haak 1 v in de volgende steek van R 16, haak 1 hv, haak 1 keerlosse, draai je haakwerk om [25]
Rij 19: sla de hv over, haak 24 v, haak 1 v in de volgende steek van R 16, haak 1 hv, haak 1 keerlosse, draai je haakwerk om [26]
Rij 20: sla de hv over, haak 25 v, haak 1 v in de volgende steek van R 16, haak 1 hv, haak 1 keerlosse, draai je haakwerk om [27]
Rij 21: sla de hv over, haak 26 v, haak 1 v in de volgende steek van R 16, haak 1 hv, haak 1 keerlosse, draai je haakwerk om [28]
Rij 22: sla de hv over, haak 27 v, haak 1 v in de volgende steek van R 16, haak 1 hv, haak 1 keerlosse, draai je haakwerk om [29]
Rij 23: sla de hv over, haak 28 v, haak 1 v in de volgende steek van R 16, haak 1 hv, haak 1 keerlosse, draai je haakwerk om [30]
Rij 24: sla de hv over, haak 29 v, haak 1 v in de volgende

steek van R 16, haak 1 hv [31]
Hecht af en laat een lang stuk garen hangen. Naai het haar op R 74 (vooraan) en 57 (achteraan) van het hoofdje (afbeeldingen 12-13).

SLANG 1 (maak 3 stuks, in grasgroen garen)
R 1: haak een magische ring met 6 v [6]
R 2: haak 2 v in elke v [12]
R 3 t/m 7: haak 12 v [12]
Vul het hoofd van de slang op met fiberfill. Het lijfje hoeft niet opgevuld te worden.
R 8: haak elke 3e en 4e v samen [9]
R 9 t/m 19: haak 9 v [9]
R 20: haak elke 2e en 3e v samen [6]
R 21: haak alle vasten twee per twee samen [3]
Hecht af en laat een lang stuk garen hangen. Borduur oogjes op R 4 van het hoofd van de slang met zwart garen, met 3 steken tussen beide.

SLANG 2 (maak 2 stuks, in grasgroen garen)
R 1: haak een magische ring met 6 v [6]
R 2: haak 2 v in elke v [12]
R 3 t/m 7: haak 12 v [12]
Vul het hoofd van de slang op met fiberfill. Het lijfje hoeft niet opgevuld te worden.
R 8: haak elke 3e en 4e v samen [9]
R 9 t/m 35: haak 9 v [9]
R 36: haak elke 2e en 3e v samen [6]
R 37: haak alle vasten twee per twee samen [3]
Hecht af en laat een lang stuk garen hangen. Borduur

14

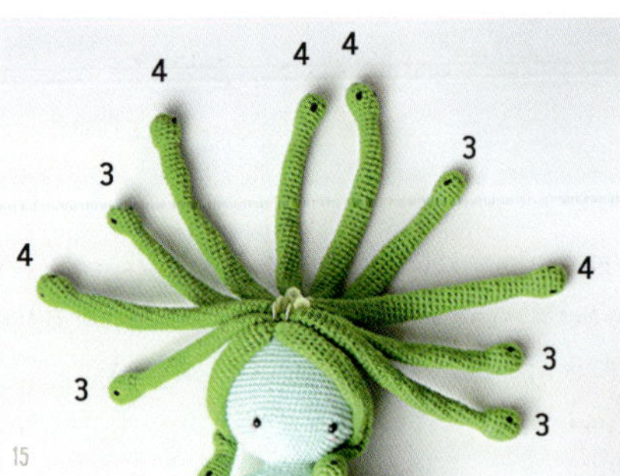

15

16

oogjes op R 4 van het hoofd van de slang met zwart garen, met 3 steken tussen beide.

SLANG 3 (maak 5 stuks, in grasgroen garen)

R 1: haak een magische ring met 6 v [6]
R 2: haak 2 v in elke v [12]
R 3 t/m 7: haak 12 v [12]
Vul het hoofd van de slang op met fiberfill. Het lijfje hoeft niet opgevuld te worden.
R 8: haak elke 3e en 4e v samen [9]
R 9 t/m 40: haak 9 v [9]
R 41: haak elke 2e en 3e v samen [6]
R 42: haak alle vasten twee per twee samen [3]
Hecht af en laat een lang stuk garen hangen. Borduur oogjes op R 4 van het hoofd van de slang met zwart garen, met 3 steken tussen beide.

SLANG 4 (maak 5 stuks, in grasgroen garen)

R 1: haak een magische ring met 6 v [6]
R 2: haak 2 v in elke v [12]
R 3 t/m 7: haak 12 v [12]
Vul het hoofd van de slang op met fiberfill. Het lijfje hoeft niet opgevuld te worden.
R 8: haak elke 3e en 4e v samen [9]
R 9 t/m 45: haak 9 v [9]
R 46: haak elke 2e en 3e v samen [6]
R 47: haak alle vasten twee per twee samen [3]
Hecht af en laat een lang stuk garen hangen. Borduur oogjes op R 4 van het hoofd van de slang met zwart garen, met 3 steken tussen beide.

AFWERKING

- Naai 2 slangen (slang 2) vooraan op het haar (afbeelding 14). Positioneer en naai de andere slangen op het hoofdje zoals aangeduid in afbeelding 15. Naai 3 slangen (slang 1) tussen de slangen op het achterhoofd, met de hoofdjes naar boven gericht (afbeelding 16).
- Naai de staart tussen R 7 en 21 van het lijfje.

HET TEAM VAN DESIGNERS

Holly's Hobbies – Canada

Holly leerde haken met behulp van stap-voor-stapartikels en video's op het internet. Eens ze het maken van amigurumi onder de knie had, begon ze volop te experimenteren. Holly's Hobbies groeide mee uit die mooie experimenten.

Airali Design (Ilaria Caliri) – Italië

Elke bol garen inspireert Ilaria tot het maken van nieuwe projecten voor kleintjes en volwassenen. Haar boek *Amigurumi Winter Wonderland* is een waar paradijs voor haakfans!

Lia Arjono – Indonesië

Lia houdt van handwerk en kleine, schattige dingen. Toen haar moeder haar leerde haken, werd ze verliefd op de techniek en de snoezigheid van amigurumi, en al snel begon ze met het ontwerpen van haar eigen figuurtjes.

LittleAquaGirl (Erinna Lee) – Australië

Erinna is overdag wetenschapper en 's avonds haakster. Ze houdt van zachte kleuren en'kawaii'-figuurtjes. Haar amigurumi hebben een hoog aaibaarheidsgehalte. Haar boek *Amigurumi Hartendiefjes* is een schatkamer voor amigurumiliefhebbers.

Maja Hansen – Denemarken

Maja werd aangeboden om als kind te leren haken, maar dacht dat het niets voor haar was. Toen ze jaren later haken herontdekte, besefte ze hoe fout ze was geweest. Het is nu haar favoriete hobby en ze spendeert haar vrije tijd met het schrijven van patronen. Ze publiceerde zelfs een paar boeken in haar thuisland.

DIY Fluffies (Mariska Vos-Bolman) – Nederland

Wanneer Mariska's zoontjes naar school vertrekken en haar man naar het werk gaat, haalt zij haar naaimachine en haaknaalden boven om de leukste patronen voor knuffels te maken.

Madelenón (Soledad Iglesias Silva) – Argentinië

Soledad was negen jaar oud toen haar mama haar leerde haken, maar de wereld van amigurumi onthulde zich pas aan haar toen ze zwanger was van haar derde kindje. Ze probeerde verschillende soorten garen en haaknaalden uit, en haakte honderden knuffels voordat ze tot de ontdekking kwam dat ze het liefst van al nieuwe patroontjes maakt.

Amour Fou (Carla Mitrani) – Argentinië

Carla is overdag tv-producer en 's nachts een fanatieke haakster. Zodra de kinderen naar bed zijn, duikt ze in een wereld vol garen en haaknaalden. Ze houdt vooral van poppen maken die ze zelf als klein meisje had gewild.

Patchwork Moose (Kate E Hancock) – Verenigd Koninkrijk

Kates lieve kleine diertjes fleuren je dag zo op. Amigurumi hebben haar over de streep getrokken om te leren haken. Nadat ze al die schattige figuurtjes ontdekte, kreeg ze onmiddellijk zin om zelf een ontwerp te maken.

Khuc Cay (Hoang Thi Ngoc Anh) – Vietnam/Frankrijk

Je kan Hoang Thi Ngoc Anh met haar Vietnamese bijnaam Khuc Cay aanspreken, dat betekent 'kerststronk'. Khuc Cay studeerde economie, maar nadat ze een konijnenhoedje voor haar dochter had gehaakt, sloeg haar carrière een heel ander pad in. Ze geniet nu van een job waarin ze hard kan werken en kan ontspannen: elke dag tekenen, haken en nieuwe, schattige figuurtjes ontwerpen.

YarnWave (Banga Vaicekauskienê) – Litouwen

Banga haakte al een paar jaar, maar toen haar kleine meisje werd geboren, besefte ze dat ze voor haar iets extra bijzonders wilde maken, iets vanuit het hart. En zo waagde ze zich aan haar eerste eigen amigurumi-ontwerp.

Bijzonder veel dank aan de elf designers die deel uitmaken van dit boek vol fantastische wezentjes, aan Sophie Peirsman voor de prachtige foto's en aan de proeflezers die aandachtig naar foutjes speurden (Amanda Shepherd, Inge de Jong-Baetens, Christa van den Berg, Carmen Knapen, Esther Valeriano-van Oosten, Joke Graat, Manon Haneveer, Marjolein de Waal, Katia De Decker, Natalie van Dalen, Nienke Kroes, Sabina Stockey-Kamps, Annelien Nys, Sanne Moyaert, Chantal Worms, Danielle Altena, Cees van Tol, Patty Van Meeteren, Marleen Mertens, Griet Vertommen, Esther Goorden, Yvonne Schruijer, Claudia Hartmann, Astrid Markman, Ilona Dessing-Knol, Vanessa Cooman en Esther van Veen), en aan alle fans die dit boek mogelijk maakten.